微观统计实务及统计实训

WEIGUAN TONGJI SHIWU JI
TONGJI SHIXUN

主　　编 ◎ 侯海桂

副 主 编 ◎ 莫丽婵

参编人员 ◎ 朱　开
　　　　　　罗　云
　　　　　　黄铁梅

首都经济贸易大学出版社

Capital University of Economics and Business Press

·北京·

图书在版编目（CIP）数据

微观统计实务及统计实训/侯海桂主编．—北京：
首都经济贸易大学出版社，2016.8
ISBN 978－7－5638－2548－6

Ⅰ．①微…　Ⅱ．①侯…　Ⅲ．①统计学　Ⅳ．①C8
中国版本图书馆 CIP 数据核字（2016）第 210448 号

微观统计实务及统计实训

主　编　侯海桂　副主编　莫丽婵

责任编辑　潘秋华
封面设计　砚祥志远·激光照排
　　　　　TEL: 010-65976003
出版发行　首都经济贸易大学出版社
地　　址　北京市朝阳区红庙（邮编 100026）
电　　话　（010）65976483　65065761　65071505（传真）
网　　址　http://www.sjmcb.com
E－mail　publish@cueb.edu.cn
经　　销　全国新华书店
照　　排　首都经济贸易大学出版社激光照排服务部
印　　刷　人民日报印刷厂
开　　本　787 毫米×1092 毫米　1/16
字　　数　307 千字
印　　张　12
版　　次　2016 年 8 月第 1 版　2016 年 8 月第 1 次印刷
书　　号　ISBN 978－7－5638－2548－6/C・129
定　　价　29.00 元

前　言

　　本书的规划和编写工作以基层统计工作内容为出发点，以统计报表编制为线索。为了培养出符合基层单位需求的、上手快、动手能力较强的毕业生，我们去企业进行调研，去国家统计机关拜访一些领导及专家，更吸收企业专家加入我们的编写组。通过调研和听取各方面的意见，我们形成了本教材的写作大纲。

　　从调研及专家们提供的意见中，我们了解到企业统计人员的统计工作主要有两方面：一是为满足国家统计信息需要而做的国家统计报表的编制；二是为满足企业管理信息需要而做的内部报表的编制。围绕两方面信息需要的核心，本教材的内容涵盖了国家报表的编制和内部报表的编制。

　　本教材的编写能够顺利完成，有赖于校内外各方人士的大力支持，在此我们深表谢意。其中，我们要特别感谢的单位包括国家统计局肇庆调查队、肇庆市统计局、肇庆市统计协会；我们要特别感谢的个人包括国家统计局肇庆调查队队长李曼丽女士、前肇庆市统计局局长梁瑞伟先生、前肇庆市人才交流中主任侯赤生先生。

　　由于我们的经验和水平有限，本教材可能存在某些错误，敬请读者多提宝贵意见。

本书编写组

2016 年 6 月 9 日

目　录

第一篇　基层统计报表编制

第二篇　统计实训

第一篇 基层统计报表编制

统计实务有宏观和微观之分，前者以国家或地区的经济活动为统计对象，后者以基层单位的经济活动为统计对象。

关于微观统计实务的介绍，理论上有两种方式，即传统编排方式和项目编排方式。传统编排方式是以统计内容（指标）为线索，系统地介绍与企业生产经营有关的指标以及相关的统计方法。这些内容的编排在形式上表现为生产统计、销售统计、财务统计、劳动统计、质量统计等。项目编排方式是以介绍一个个统计报表（项目）的编制为主线，详细地介绍统计报表中涉及的指标及其统计方法。后者的编排形式可表现为单位基本情况报表编制、产销存报表编制、财务状况报表编制、劳动情况报表编制、产品质量报表编制等。两者所介绍内容基本相同，但后者还介绍了有关统计报表制度的知识和报表的填制方法。本书以项目编排方式为对象对微观统计实务的内容加以介绍。

统计报表有基层统计报表和综合统计报表之分。本书属于微观统计实务，因此以基层统计报表的编制为主线。从基层单位统计工作的服务对象来看，微观统计实务还可分成对外统计和对内统计两种。对外统计是指向国家报送统计数据（对外统计），报送形式为国家统计报表；对内统计是指为本单位经营管理的需要而进行的统计工作（内部统计），大部分的资料表达方式为内部统计报表。因此，本书将基层统计报表又分为国家基层统计报表和内部基层统计报表两种。本书以基层单位统计工作内容（微观统计实务内容）为对象，以基层统计报表编制为主线，有选择地介绍了对外统计和对内统计的相关知识及做法。由于不同行业间报表填制内容及方法具有雷同性，本书以介绍工业企业基层报表编制为主，对其他行业报表涉及较少。

第一章　报表编制准备知识介绍

基层统计报表编制中涉及的基础知识包括统计报表制度知识和填制报表所需要的分类知识。

第一节　统计报表制度概述

统计的主要职能是信息职能，为国家、社会提供完整、丰富、准确和及时的统计数据。国家为了准确及时地收集各种统计数据，而制定了各种统计制度。

统计制度有广义和狭义之分。广义的统计制度是指统计工作的各阶段都应遵守的技术规范。狭义的统计制度是指统计调查阶段应遵守的技术规范，因而又叫统计调查制度。我们常说的统计制度是指后者。

一、统计报表制度的概念和制定

（一）统计报表制度的概念

我们通常所说的统计报表制度，实际上就是统计调查制度。统计调查制度是指统计人员或统计机构在统计调查阶段应遵守的技术性规范。由于我国统计调查资料的上报都用统计报表，因而我国的统计调查制度也就是统计报表制度。

统计报表制度的基本内容，包括报表目录、报表表式和填表说明三大部分：

（1）报表目录是指明确各种报表的填报单位（报送单位）、调查对象、报送时间和报送方式程序等要求事项的一览表。

（2）报表表式是指统计表的具体格式。表内要求填报主要指标项目，表外要求填报各项补充资料。

（3）填表说明是指填表时应遵守的各种规定。它指明表式中各种指标的解释和填写方法，以及有关注意事项。填表说明应包括填报范围（或汇总范围）、统计目录、指标解释、统计分组（类）或有关的划分标准及代码等问题。

（二）统计报表制度制定

《中华人民共和国统计法》相关条款规定：统计调查必须按照经过批准的计划进行，统计调查计划必须按照统计调查项目编制。

统计调查项目是指在一定时期内为实现特定统计调查目的而组织实施的统计调查，是一项较为具体的统计调查方案。统计调查项目是从审批角度观察的统计调查。统计机构要收集某方面的数据（如工业产量），需要提交调查项目审批表，经有关部门审批备案后，才可以进行该项统计调查。统计调查项目应列明项目名称、调查机关、调查目的、调查范围、调查对象、调查方式、调查时间、调查内容及调查表格，这些内容形成文件后就是统计报表制度。

统计调查项目的制定，须经国家统计局或同级地方人民政府统计机构的审查或备案。为了加强和完善国家统计报表制度的管理，国家统计局于 1998 年以统计法为依据，制定了《统计调查项目审批管理制度》，对统计调查项目的审批做出了详细规定。

统计调查项目分国家统计调查项目、部门统计调查项目和地方统计调查项目三种。

1. 国家统计调查项目

国家统计调查项目是为了收集和了解全国性基本情况，由国家统计局拟定，或由国家统计局和国务院有关部门共同拟定的统计调查项目。国家统计调查项目由国务院审批通过。其中，重大的国家统计调查项目，由国家统计局报国务院审批；经常性、一般性的国家统计调查项目，由国务院授权国家统计局审批。

2. 部门统计调查项目

部门统计调查项目是指国务院和地方各级人民政府主管部门，根据自身需要而拟定的统计调查项目。部门统计调查项目，其调查对象属本部门管辖的，报国家统计局或同级地方人民政府统计机构备案；其调查对象超出本部门管辖的，报国家统计局或同级地方人民政府统计机构审批，其中重要的报国务院或地方人民政府审批。

3. 地方统计调查项目

地方统计调查项目是指各级地方人民政府为收集和了解本地情况，由县级以上地方各级人民政府统计机构拟定，或由县级以上地方各级人民政府统计机构和有关部门共同拟定的统计调查项目。地方统计调查项目报同级人民政府审批。

二、统计报表制度分类

统计报表制度按调查项目的实施范围不同，分为国家统计报表制度、部门统计报表制度和地方统计报表制度三种。

（一）国家统计报表制度

国家统计报表制度是国家统计局为实施国家统计调查项目而制定的业务工作方案。国家统计报表制度，由国家统计局制定，经国务院或国务院授权的国家统计局审批。现行国家统计制度分为周期性普查制度、经常性调查制度和非经常性调查制度三种。

1. 周期性普查制度

周期性普查制度是指由国务院组织的，每隔一段时间进行一次普查的统计调查制度。我国现在的周期性普查项目包括人口普查、农业普查和经济普查三种。

（1）人口普查，每十年进行一次，逢"0"年进行，调查拥有中华人民共和国国籍并在境内常驻的自然人。调查内容包括住户人口数、住房情况，以及个人姓名、年龄、性别、民族、文化程度等情况。

（2）农业普查，每十年进行一次，逢"6"年进行，调查在境内从事第一产业活动的单位和农户。调查内容包括：农业生产单位基本情况、农村从业人员情况、畜禽饲

养情况等。

（3）经济普查，每十年进行两次，逢"3""8"年进行，调查从事第二、三产业的全部法人单位、产业活动单位和个体工商户。调查内容包括法人单位基本情况、产业活动单位基本情况、企业生产经营情况、企业财务状况等。

2. 经常性调查制度

经常性调查制度是由国家统计局制定，或由国家统计局与有关部门共同制定的，实施年度和定期（半年、季度、月度）经常性统计调查的统计报表制度。

（1）从内容来分，有区域社会经济综合情况报表和关于某个国民经济行业或某个社会领域的专业报表。前者包括国民经济核算制度、社会综合统计报表制度等。后者包括农林牧渔业统计报表制度、乡村社会经济调查方案、工业统计报表制度、建筑业统计报表制度、运输邮电业统计报表制度、房地产开发统计报表制度、能源统计报表制度、劳动统计报表制度等。

（2）从资料收集方法来看，有采用全面调查、抽样调查和重点调查等方法直接从调查对象处收集数据的统计报表和利用现有行政记录、部门统计资料填制的统计报表。前者如农林牧渔业统计报表制度、乡村社会经济调查方案、工业统计报表制度、建筑业统计报表制度等，后者如社会综合统计报表制度、市县社会经济基本情况统计报表制度等。

（3）从执行单位来看，有基层单位报表和综合单位报表。基层单位报表由基层单位根据本单位实际数据独立填报。综合单位报表由各级政府部门的统计机构根据基层报表或下属的综合报表汇总而成。

3. 非经常性调查制度

非经常性调查制度，是由国家统计局制定，或由国家统计局与有关部门共同制定的，在一定时期内持续实施或一次性实施的临时性统计调查制度，如中国农村贫困监测统计调查制度等。

（二）部门统计报表制度

部门统计报表制度是由国家统计局以外的国务院或各级人民政府所属部门制定的，用于实施部门统计调查项目的统计工作业务方案。国家的这些职能部门包括农业部、交通部、卫生部、文化教育部等，统计内容涉及农业、交通、旅游、文化、教育、卫生、科技、人口等。相应的这些报表包括农林牧渔统计报表、卫生部门统计报表、教育统计报表等。

（三）地方统计报表制度

地方统计报表制度是指各地方为满足地方的需要而制订的各种调查方案。从内容来看，地方调查内容是国家统计调查内容的补充，根据各地的实际情况而有所不同。从频率来看，也分周期性普查制度、经常性调查制度和非经常性调查制度。

本书从面向基层、面向企业的角度出发，着重介绍国家统计报表制度中经常性调查制度的基层单位报表编制。

三、统计报表制度的管理

（一）统计报表制度管理的相关法律法规

规范统计报表制度管理的法律法规主要包括《中华人民共和国统计法》《统计调查项目审批管理规定》《部门统计调查项目管理暂行办法》。

1. 《中华人民共和国统计法》

《中华人民共和国统计法》第九章第九条规定了统计调查须按计划（统计调查项目）进行，制订统计调查计划（统计调查项目及统计表）须报国家统计局或同级人民政府统计机构审查或备案。第四章第二十条规定了国家统计局和各地方人民政府统计机构的主要职责包括管理和协调各部门制定的统计调查表和统计标准。

2. 《统计调查项目审批管理规定》

该管理规定以国家统计局与国务院各有关部门共同组织实施的统计调查为范围，对相关统计报表制度的管理机构和权限、管理原则和方式、审批程序和事后监督等内容做了具体的规定。

3. 《部门统计调查项目管理暂行办法》

该管理办法以各级人民政府有关部门组织实施的统计调查为范围，对相关统计报表制度的管理机构和权限、管理原则和方式、审批程序和事后监督等内容做了具体的规定。

（二）管理机构与职责

上述相关法律告诉我们，统计报表制度的管理机构主要是各级政府的统计部门。其中，国家统计局负责管理和协调国家统计报表制度和部门统计报表制度的制定，县及县以上各级人民政府的统计机构或人员负责管理和协调各种地方统计调查制度的制定。

第二节　统计分类及分类标准化概述

一、统计分类与统计分组

统计分类是根据事物本身的特点将其分成不同的类别。其分类与客观事物的性质有关，一般不在统计学的研究范围。比如说民族的分类，就是民族学的范畴。

统计分组是指根据统计研究任务的要求和研究现象总体的内在特点，把现象总体按某一标志划分为若干性质不同但又有联系的几个部分。总体的变异性是统计分组的客观依据，统计分类是统计分组的基础。

统计分组具有很重要的作用，包括观察客观事物的结构和现象之间的联系，因此，在统计工作中，统计分组是一种很重要和常用的统计方法。

统计分组是在取得原始统计数据的前提下，才能进行的一种统计方法。而统计在收集资料的时候需要先知道客观事物的类别（统计分类标准），才能进行数据收集。这些事先设定的类别就叫统计分类标准。比如我们要收集各企业的所有制性质，就要知

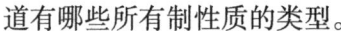

道有哪些所有制性质的类型。

二、统计分类标准与统计分类标准化

分类标准是由某些权威机构对客观事物的类别所做的统计规定。它包括国际标准、国家标准、部门标准、行业标准等。

统计分类标准是统计主管部门根据其职能和国民经济管理的需要，对统计信息采集和处理所涉及的类别进行规范的结果。

统计分类标准化是指由统计主管部门对统计信息采集和处理所涉及的分类予以规范。其目的是，适应统计信息采集、处理及管理的规范化和自动化要求，实现统计的功能和统计的最佳效益。它是统计工作现代化、科学化的基础，是实现信息交流的共同语言。

三、统计分类标准化的作用

统计分类标准化主要有以下几种作用：

（1）它是国民经济核算体系的重要组成部分。

（2）它是统计分组规范的前提。没有统计分类标准化，不同统计机构的分组结果就不相同，就算有相同的分组栏目，统计内容也不尽相同，结果是可比性较差。

（3）它是进行数据自动化处理和实现信息共享的前提。标准化通常伴随着统一编码，统一编码是信息自动化处理和共享的基础。

第三节　常用统计编码标准及统计分类标准

一、机构代码编码规则及单位递属关系代码

组织机构统一代码是对中华人民共和国境内依法成立的机关、企业、事业单位、社会团体和民办非企业单位等机构赋予的在全国范围内唯一的、始终不变的法定代码标识。代码证书（《中华人民共和国组织机构代码证》）是证明持证单位具有法定代码标识的凭证和传递代码信息的载体。

组织机构代码的结构是由八位数字（或大写拉丁字母）本体代码和一位数字（或大写拉丁字母）校验码组成，是无含义码，即无论是事业机构转为企业机构、内资转外资、行政区划改变等一系列变化，组织机构代码均不变。采用无含义码可以保证组织机构代码的唯一性、统一性和终身不变性，尤其适用于计算机管理。

二、统计用区划代码和城乡划分代码

（一）代码结构

统计用区划代码和城乡划分代码分为两段17位，其代码结构为：

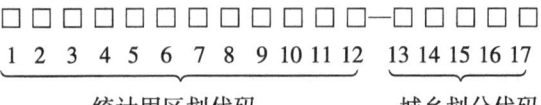

统计用区划代码　城乡划分代码

1. 统计用区划代码

统计用区划代码由第 1~12 位代码构成，其各代码表示为：

第 1~2 位，为省级代码；

第 3~4 位，为地级代码；

第 5~6 位，为县级代码；

第 7~9 位，为乡级代码；

第 10~12 位，为村级代码。

2. 城乡划分代码

城乡划分代码由第 13~17 位代码构成，其各代码表示为：

第 13~14 位，为城乡属性代码；

第 15~17 位，为城乡分类代码。

（二）统计用区划代码编制规则

1. 县以上行政区划代码编码方法

县以上行政区划代码由第 1~6 位代码组成。在统计工作中，各级统计部门不编制县以上行政区划代码，统一采用《中华人民共和国行政区划代码》国家标准。

2. 县以下区划代码编码方法

县以下区划代码由第 7~12 位代码组成，包括乡级代码和村级代码两部分。

（1）乡级代码编码方法。凡民政部门确认的街道、镇、乡，按照国家标准《县级以下行政区划代码编制规则》（GB/T 10114—2003）编制，其乡级代码为 001~399；民政部门未确认的开发区、工矿区、农场等类似乡级单位，乡级代码为 400~599。

（2）村级代码编码方法。凡民政部门确认的村级单位，村级代码为 001~399；民政部门未确认的园区、工矿区、农场等类似村级单位，村级代码为 400~599（498、598 除外）。

（3）特殊情况的编码方法：

①虚拟村级单位。当乡级单位下未设（或未明确）村级单位时，则在该乡级单位下虚拟一个村级单位，其编码方法为：

在街道、镇以及类似乡级单位的开发区、科技园区、工业园区、工矿区、高校园区、科研机构园区等区域下，虚拟村级单位的代码为 498，名称为"××虚拟社区"；

在乡以及类似乡级单位的农、林、牧、渔场和其他农业活动区域下，虚拟村级单位的代码为 598，名称为"××虚拟生活区"。

②县直辖村级单位。县级单位直辖村级单位，其乡级代码统一编为 198，在 198 代码下，再对所辖的村民委员会和居民委员会进行编码。

③乡直管村民小组。乡级单位直接管辖的村民小组，其村级代码编制为 398。

（三）城乡划分代码编制规则

1. 城乡属性代码编码方法

城乡属性代码由第 13 位、14 位代码组成。其中：第 13 位表示乡级属性，第 14 位表示村级属性。

乡级属性和村级属性的相关解释，参见《城乡划分实施办法》。

2. 城乡分类代码编码方法

城乡分类代码结构：城乡分类代码由第 15～17 位代码组成。第 15 位为"1"，表示城镇；第 15 位为"2"，表示乡村。具体编码为：

"111"表示：主城区；

"112"表示：城乡结合区；

"121"表示：镇中心区；

"122"表示：镇乡结合区；

"123"表示：特殊区域；

"210"表示：乡中心区；

"220"表示：村庄。

三、国民经济行业分类及代码

行业分类是依据经济活动的同质性原则，对从事国民经济活动的经济单位以及他们的经济活动内容的类别进行标准的分类。根据核算目的的不同，对经济单位的分类（产业部门分类）通常以基层单位为基础，有时也用机构单位为基础；对经济活动分类（产品部门分类）通常以同质生产单位为基础，有时也以基层单位为基础。

（一）三种单位

（1）机构单位，向国家机关注册的独立核算单位。生产品种可以多样化。

（2）基层单位（产业活动单位），在一个场所生产一种或主要生产一种产品的单位（主要生产活动），通常是指分公司或分厂等。这种单位可能还有次要生产活动。

（3）同质生产单位，只生产一种产品的单位，通常是指车间。

（二）行业分类及代码

当前我国所采用的分类标准是《国民经济行业分类和代码（GB/T 4754—2011）》。该标准对国民经济活动及其活动单位采用四级分类标准，分别是门类、大类、中类和小类。该标准共设 20 个门类，代码从 A 到 T；设大类 98 个，码长 2 位，代码分别是 01，02，…，98；大类下设若干中类，码长 1 位，视类多少用 0～9 表示；中类下设若干小类，码长 1 位，视类多少用 0～9 表示。如农业门类代码 A，下属大类渔业代码 A04，渔业下属中类海洋渔业代码 A041，海洋渔业下属小类海水养殖代码 A0411。

其中的门类设了 20 个行业，分别是：

A 农、林、牧、渔业

B 采矿业

C　制造业

D　电力、热力、燃气及水生产和供应业

E　建筑业

F　批发和零售业

G　交通运输、仓储和邮政业

H　住宿和餐饮业

I　信息传输、软件和信息技术服务业

J　金融业

K　房地产业

L　租赁和商务服务业

M　科学研究和技术服务业

N　水利、环境和公共设施管理业

O　居民服务、修理和其他服务业

P　教育

Q　卫生和社会工作

R　文化、体育和娱乐业

S　公共管理、社会保障和社会组织

T　国际组织

四、三次产业分类

在《国民经济行业分类》基础上，将所有产业划分为三类，分别是第一产业、第二产业和第三产业。

第一产业是指农、林、牧、渔业。

第二产业是指采矿业，制造业，电力、燃气及水的生产和供应业，建筑业。

第三产业是指除第一、二产业以外的其他行业，包括：交通运输、仓储和邮政业，信息传输、计算机服务和软件业，批发和零售业，住宿和餐饮业，金融业，房地产业，租赁和商务服务业，科学研究、技术服务和地质勘查业，水利、环境和公共设施管理业，居民服务和其他服务业，教育，卫生、社会保障和社会福利业，文化、体育和娱乐业，公共管理和社会组织，国际组织。

五、企业登记注册类型

企业登记注册类型是指我国工商行政管理部门对企业性质所做的分类标准。这些企业性质包括所有制、投资来源（内、外资）及个人资格等。

根据 2001 年国家统计局和国家工商行政管理局联合颁发的《关于划分企业登记注册类型的规定》，企业登记注册类型共分为 3 大类和 18 个小类。它们分别是（详细代码参考附件4）：

内资企业

国有企业（110）

集体企业（120）

股份合作企业（130）

联营企业（140）

有限责任公司（150）

股份有限公司（160）

私营企业（170）

其他企业（190）

港、澳、台商投资企业

合资经营企业（港或澳、台资）（210）

合作经营企业（港或澳、台资）（220）

港、澳、台商独资经营企业（230）

港、澳、台商投资股份有限公司（240）

其他港、澳、台商投资企业

外商投资企业

中外合资经营企业（310）

中外合作经营企业（320）

外资企业（330）

外商投资股份有限公司（340）

其他外商投资企业

六、法人企业经济成分分类及控股分类

为了全面反映我国公有经济和非公有经济的控股情况，2005 年国家统计局制定了《关于统计上对公有和非公有控股经济的分类办法》。该办法以法人企业为对象，根据法人企业实收资本出资人的身份对出资进行分类，并根据出资人对企业的控股程度分为绝对控股和相对控股。控股经济分类及代码如下：

100　公有控股经济

110　国有控股

111　国有绝对控股

112　国有相对控股

120　集体控股

121　集体绝对控股

122　集体相对控股

200　非公有控股经济

210　私人控股

211　私人绝对控股

212　私人相对控股

220　港澳台商控股

221　港澳台商绝对控股

222　港澳台商相对控股

230　外商控股

231　外商绝对控股

232　外商相对控股

七、城乡分类及代码

根据 2006 年国家统计局制定的《关于统计上划分城乡的暂行规定》，我国对城乡的划分及代码如下：

100　城镇

110　城区

111　主城区

112　城乡结合区

120　镇区

121　镇中心区

122　镇乡结合区

123　特殊区域

200　乡村

210　乡中心区

220　村庄

八、企业规模划分标准

根据工业和信息化部、国家统计局、国家发展和改革委员会、财政部《关于印发中小企业划型标准规定的通知》（工信部联企业〔2011〕300 号）的规定，我国将企业的规模共分为大型、中型、小型和微型四类，并且对不同行业的企业的归类标准做了详细的规定。用于区分规模的标准有营业收入、从业人员、资产规模。具体表式见附件 2。

第二章 工业企业统计台账编制

第一节 台账概述

统计台账是指基层企业事业单位根据经营管理、填报报表以及核算工作需要，用一定的表格形式将分散的原始记录资料按时间顺序进行连续登记，并定期进行汇总的账册。统计有关法规规定，各基层单位必须依法建立健全原始统计记录和统计台账，保证数据的真实准确。

统计台账是从原始记录到统计报表的中间环节，是反映基层单位生产经营状况的全面资料。

一、作用

（1）有利于将分散的原始记录资料加以集中，便于随时对比检查，及时发现问题。

（2）可将大量烦琐的原始记录资料整理工作分别在平时完成，到期末只需分类汇总有关数字就可做好统计报表的编制工作，有利于提高报表报送的及时性。

（3）有利于资料的系统化、条理化，积累历史资料。

（4）有利于及时反映经营管理活动的情况，便于检查工作进度，满足经营管理活动的基本需要。

二、内容

工业企业统计台账的主要内容包括供产销、人财物、能源消费、设备利用、经济效益以及企业大事记录六方面，共14个具体表格。由于篇幅所限，本书主要介绍工业总产值、销售产值，工业产品产量，主要工业产品销售库存订货，主要经济指标，工业经济效益评价这五种统计台账的编制。

三、台账填写的要求

（1）台账内各项指标必须根据《工业统计制度》规定的统计口径指标解释和计算方法填写，登记台账的基础数据要依据企业的原始记录，并与企业报出的统计报表一致，出现调整要加注说明。

（2）台账必须用钢笔按月填写，不得用圆珠笔、铅笔填写，数码一律使用阿拉伯数字，书写要清楚工整。

（3）为了保证统计台账的连续性，台账管理须责任到人，如统计人员变更、流动，必须办理交接手续，并在"台账经管及交接登记表"中登记。

第二节　主要统计台账编制

一、工业总产值、销售产值统计台账编制

（一）重要指标解析

指标1.1　工业总产值（当年价格）

工业总产值（当年价格）指工业企业在本年内生产的以货币形式表现的工业最终产品和提供工业劳务活动的总价值量。

（1）工业总产值计算应遵循的原则为：

①工业生产的原则，即凡是企业在本年内生产的最终产品和提供的劳务，均应包括在内。其中的最终产品，不管是否在本年内销售，只要是本年内生产的，就应包括在内。凡不是工业生产的产品，均不得计入工业总产值。

②最终产品的原则，即企业生产的成品价值必须是本企业生产的，经检验合格不需再进行任何加工的最终产品。企业对外销售的半成品也应视为最终产品计入工业总产值。而在本企业内各车间转移的半成品和在制品只能计算其期末期初差额价值。

③"工厂法"原则，即以法人工业企业作为一个整体计算工业总产值，是其本年内生产的最终产品和提供劳务的总价值量。

（2）工业总产值的内容包括三部分：生产的成品价值，对外加工费收入，自制半成品、在制品期末期初差额价值。

①成品价值，指企业在本年内生产，并在本年内不再进行加工，经检验合格、包装入库的已经销售和准备销售的全部工业成品（包括半成品）价值合计。成品价值中包括企业生产的自制设备及提供给本企业在建工程、其他非工业部门和生活福利部门等单位使用的成品价值，但不包括用订货者来料加工的成品（半成品）价值。

工业总产值是按现行价格计算的。成品价值按成品实物量乘以本年不含应交增值税（销项税额）的产品实际销售平均单价计算。会计核算中按成本价格转账的自制设备和自产自用的成品，按成本价格计算生产成品价值。

②对外加工费收入，指企业在报告期内完成的对外承做的工业品加工（包括用订货者来料加工生产）的加工费收入和对外工业品修理作业所收取的加工费收入和对内非工业部门提供的加工修理、设备安装等收入。对外加工费收入按不含应交增值税（销项税额）的价格计算。

对于以对外加工生产为主，对外加工费收入所占比重较大的企业，如果对外加工费收入出现跨年度支付的情况，为保证总产值生产口径计算的准确性，则应将对外加工费收入按实际情况调整，记录本年应实际收取的对外加工费收入。

③自制半成品、在制品期末期初差额价值。为了使工业总产值与工业中间投入中的物耗价值一致，以便同口径地计算工业增加值，规定本指标的计算原则是：凡是企

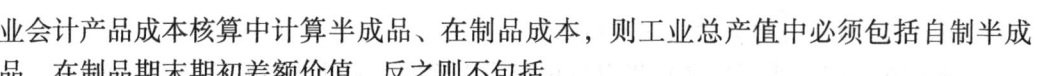

业会计产品成本核算中计算半成品、在制品成本，则工业总产值中必须包括自制半成品、在制品期末期初差额价值。反之则不包括。

自制半成品、在制品期末期初差额价值等于自制半成品、在制品期末价值减去期初价值后的余额，如果期末价值小于期初价值，该指标为负值，企业在计算产值时，应按负值计算，不能作为零处理。

（3）工业总产值计算的几种具体规定。

①凡自备原材料（包括自备零部件）生产，不论其加工繁简程度如何，一律按全价，即包括自备原材料的价值，计算工业总产值。

②凡来料加工，加工企业只收取加工费，则加工企业一律按财务上结算的加工费计算工业总产值，即不包括订货者来料的价值。一般分两种情况：a. 工业企业之间的来料加工，加工企业（即承包单位）按财务上结算的加工费计算工业总产值；委托加工的企业（即发包单位）按全价计算工业总产值。b. 工业企业与非工业企业之间的来料加工，当工业企业作为加工企业时一律按加工费计算工业总产值。

③自制半成品、在制品期末期初差额价值，原则上应计入工业总产值，但如果会计产品成本核算中不计算自制半成品、在制品成本，则不计入工业总产值；如果会计产品成本核算中计算自制半成品、在制品成本的，则计入工业总产值。

区分来料加工与自备原材料生产的依据是加工企业与委托加工企业间的财务结算关系。如果委托企业提供原材料而不与加工企业结算，加工企业收取加工费，产品返回委托企业销售，则这种模式是来料加工；如果委托加工企业提供的原材料与加工企业是结算的，制成品由加工企业返给委托企业也是结算的，则这种模式是自备原材料生产。

（4）电力生产企业工业总产值的计算方法。

电力生产企业工业总产值（当年价格）按其售电量的全价计算，即电力生产企业的销售电量收入减去外购电费，计算公式为：

$$电力生产企业总产值（当年价格）＝售电收入－购电费$$
$$＝售电量×售电平均单价－购电量×购电单价$$

非独立核算电力生产企业的售电平均单价可按公司内部结算价格计算，由其所属公司平衡测算后通知各电力生产企业。

（5）电网经营企业工业总产值的计算方法。

电网经营企业工业总产值（当年价格）按其售电量的全价计算，计算公式为：

$$电网经营企业总产值（当年价格）＝售电收入＝售电量×售电平均单价$$

指标1.2　新产品产值

新产品是指采用新技术原理、新设计构思研制、生产的全新产品，或在结构、材质、工艺等某一方面比原有产品有明显改进，从而显著提高了产品性能或扩大了使用功能的产品。本报表中的新产品产值既包括经政府有关部门认定并在有效期内的新产品，也包括企业自行研制开发，未经政府有关部门认定，从投产之日起一年之内的新产品。

指标 1.3　工业销售产值（当年价格）

工业销售产值（当年价格）指以货币形式表现的，工业企业在本年内销售的本企业生产的工业产品或提供工业性劳务价值的总价值量。

工业销售产值包括的内容为：

（1）销售成品价值，指企业在报告期内实际销售（包括本期生产和非本期生产）的全部成品、半成品的总价值，即按报告期产品的实际销售数量乘以不含增值税（销项税额）的产品实际销售平均单价计算。销售成品价值中包括企业生产的自制设备及提供给本企业在建工程、其他非工业部门和生活福利部门等单位使用的成品价值，但不包括用订货者来料加工，并且只收取加工费的成品（半成品）价值。

（2）对外加工费收入，指企业在报告期内完成的对外承接的工业品加工（包括用订货者来料加工的产品）的加工费收入；对外工业品修理作业可收取的加工费收入和对内非工业部门提供的加工修理、设备安装等收入。对外加工费收入按不含增值税（销项税额）的价格计算。

对于以对外加工生产为主，对外加工费收入所占比重较大的企业，如果对外加工费收入出现跨年度支付的情况，为保证总产值生产口径计算的准确性，应将对外加工费收入按实际情况调整，记录本年应实际收取的对外加工费收入。

工业销售产值与工业总产值的区别在于：

（1）工业销售产值的计算基础是工业产品的销售总量，不管是否为本期生产，只要是在本期销售的都应计算工业销售产值；工业总产值的计算基础是工业产品的生产总量，只要是在本期生产的不论是否已经销售，都应计算工业总产值。

（2）工业销售产值不包括自制半成品、在制品期末期初差额价值，而工业总产值包括这部分价值。

指标 1.4　出口交货值

出口交货值指工业企业交给外贸部门或自营（委托）出口（包括销往中国香港、澳门和台湾地区），用外汇价格结算的产品价值，以及外商来样、来料加工、来件装配和补偿贸易等生产的产品价值。在计算出口交货值时，要把外汇价格按交易时的汇率折成人民币计算。如果企业承接外商来料加工或来件装配，则按加工费计算出口交货值。

指标 1.5　企业用电量

企业用电量指企业在报告期内实际耗用的电力数量。

（二）台账格式

见附表 1 - 1。

【知识链接】　其他行业的总产出（价值形态）核算

1. 农林牧渔总产出核算

农林牧渔总产出是指一定时期内以货币表现的农林牧渔全部产品的价值量。农林牧渔总产出一般采用"产品法"进行核算。所谓产品法，就是对每种产出的产品，不管它是否已经被其他产品消耗掉，均按市场价计算其总产出。鉴于农林牧渔总产出的复杂性，目前我国的农林牧渔总产出采用以下简单处理方法：什么时候收获产品，什么时候计算产出，不考虑在制品。

2. 建筑业总产出核算

建筑业总产出是建筑业企业在一定时期生产的建筑业产品和服务的价值总和。建筑业总产出包括建筑工程产出、安装工程产出和其他产出三部分。建筑工程产出主要是指列入建筑工程预算内的各种工程价值。安装工程产出是指各种设备的安装价值，不包括设备本身的价值。其他产出包括建筑物维修产出、非标准设备制造产出等。

3. 运输业总产出核算

运输业总产出是指各类运输企业在一定时期内从事旅客运输、货物运输、装卸作业、管道输油气等活动所得到的营运收入或服务收入的总和。

4. 批发零售业总产出核算

批发零售业总产出是指批发零售企业在一定时期内从事商品买卖等服务活动所创造的价值量。它通常表现为通过销售活动追加到商品身上的价值，也就是商品销售收入减去商品进价所得的差额，即毛利。但需要减去外购的运输费和装卸搬运费。

5. 餐饮业总产出核算

餐饮业总产出是指餐饮业服务的总价值，通常用营业收入代替。

6. 房地产业总产出核算

房地产业总产出包括房地产开发、物业管理、房产中介、其他房地产经营和居民自有住房服务五部分。房地产业总产出就是该五大部分总产出之和。其中：

房地产开发总产出 = 房屋销售收入 − 前期工程费和房屋建造工程费

物业管理活动总产出 = 物业管理费收入

房产中介服务总产出 = 中介服务费收入

其他房地产经营管理服务总产出 = 房租收入 + 土地使用费收入 + 拨入经常性经费 +

其他业务收入（如手续费等）

居民自有住房服务总产出 = 虚拟房租

7. 非营利性服务业总产出核算

非营利服务业单位的最大特点是没有经营收入，或收入远低于其经费支出。非营利性服务业单位包括文化教育机构、卫生服务机构、社会保障和福利机构、科学研究和技术服务机构、公共管理和公共服务机构、社会公益组织等。

非营利服务业总产出是非营利服务业单位一定时期内提供服务所发生的费用总和，包括本单位的经常性工资支出、办公费支出、虚拟固定资产折旧费等，但不包括非经常性设备购置费、人民助学金、零星土建工程费用等支出。

二、工业产品产量统计台账编制

（一）重要指标解析

指标1.6　生产量

生产量指工业企业在本年内生产的并符合产品质量要求的实物数量，包括商品量和自用量两部分。

（1）产品生产量计算应遵循的原则：

①产品质量标准。产品必须符合规定的质量标准或订货合同规定的技术条件，才可统计生产量。工业产品质量标准一律按国家标准或部颁标准执行。没有国家标准或部颁标准的产品，应按企业主管机关的标准或订货合同规定的技术条件执行，不得擅自更改标准或降低标准，不合格的产品不能计算生产量。

②统计时间。本年生产量反映的是本年内的工业生产成果，凡本年内生产的产品都应计算在内，即截至本年最后一天检验合格并办理了入库手续的产品，其中规定要求包装的产品必须包装好才能计算其生产量。至于本年最后一天以哪一个班次作为截止计算产量的班次则由企业主管机关规定，并应与会计核算的结算时间一致。结算时间一经确定，就要严格执行，不得随意提前或移后。

③准确度量。准确度量是计算产品产量的重要一环，企业应配备必要的计量设备，对产量进行实际度量，不得随意估算，对确有困难不得不推算的某些产品，一定要按照主管部门规定的推算方法计算，使之尽量接近实际。

（2）产品生产量包括的内容：

①企业各车间（主要车间、辅助车间、附属品车间及副产品车间）用自备原材料生产的全部产品产量，不论是要销售的商品量还是本企业的自用量，均应统计生产量。

②用订货者来料加工生产的产品，并且加工企业只收取加工费的，如果订货者是境内非工业企业和境外企业，其产品生产量由加工企业统计；如果订货者是境内工业企业，产品生产量由委托企业（即发包企业）统计，加工企业（即承包企业）不统计。

③经正式鉴定合格的新产品、自产自用的生产设备、未正式投入生产以前试生产的合格品以及基本建设附产的合格品，都应包括在产品生产量中。

④用进口原材料或关键零件生产的产品，或用进口整套散装零件及用进口组装件加工、装配的产品，不论是在国内销售还是外商经销，生产量均统计在国内同种产品生产量中。

⑤在我国国土范围内的外商投资和港、澳、台商投资工业企业生产的产品，其生产量全部统计在国内同种产品生产量中。

（3）工业产品生产量不应包括的内容：

①在生产工业产品的同时，产生的下脚余料或废料，如冶金工业的氧化铁、汤道、中心注管、钢材切头、切尾，机械工业的切屑，木材工业的锯末，粮食加工工业的糠、麸，酿酒工业的酒糟等，一般做下脚料出售，不应统计为产品生产量。

②投入生产过程中的原材料没有完全消耗掉，而加以回收、提浓，再供本企业自

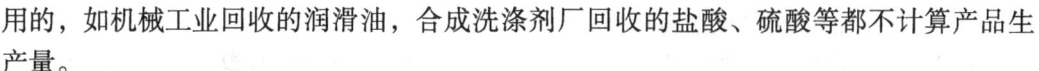

用的，如机械工业回收的润滑油，合成洗涤剂厂回收的盐酸、硫酸等都不计算产品生产量。

③企业从外购进的工业品，未经本企业任何加工的，不得作为本企业的产品生产量统计。

④某些产品在检验产品质量时，需做破坏性试验（如试验灯泡的使用寿命，电池的间歇放电时间等），这些用作试验的产品，不计算在产品生产量中。

（二）台账格式

见附表 1 - 2。

三、主要工业产品销售量、库存量、订货量统计台账编制

（一）重要指标解析

指标 1.7　销售量

销售量指本年内工业企业实际销售的由本企业生产（包括以前年度生产和本年生产）的符合规定的质量标准或订货合同规定的技术条件的工业产品的实物数量。凡用订货者来料加工生产的产品，并且加工企业只收取加工费的，如果订货者是境内非工业企业和境外企业，其产品销售量由加工企业（即承包企业）统计；如果订货者是境内工业企业，产品销售量由委托企业（即发包企业）统计，加工企业不统计。

区分来料加工与自备原材料生产的依据是加工企业与委托加工企业间的财务结算关系。如果委托企业提供原材料而不与加工企业结算，加工企业收取加工费，产品返回委托企业销售，则这种模式是来料加工；如果委托加工企业提供的原材料与加工企业是结算的，制成品由加工企业返给委托企业也是结算的，则这种模式是自备原材料生产。

（1）产品销售量的核算原则。产品销售量以产品销售实现为核算原则，即在产品已发出、货款已经收到或者得到了收取货款的凭据时作为销售实现，统计产品销售量。按照企业销售方式的不同，产品销售量统计遵从以下几种规定：

①采用送货制销售的，产品如由本企业运输部门发运，以产品出库单上的数量、日期为准；如委托专业运输部门发运，则以运输部门的承运单上的数量、日期为准。

②采用提货制销售的，以给用户开具的发票和提货单上的数量、日期为准。

③委托其他单位代销的产品，以企业收到代销单位的代销清单为准。

④采用预收货款销售的，在发出产品时算作销售。产品尚未生产出来，已预收货款或预开提货单的，不应算作销售。

⑤企业出口销售的产品，陆运以取得承运货物收据或铁路运单，海运以取得出口装船提单，空运以取得空运运单，并向银行办理出口交单的数量、日期为准。企业自营出口的产品，在委托外贸部门代理出口（实行代理制）的情况下，以收到外贸部门代办的运单和银行交单凭证的数量、日期为准。

（2）统计产品销售量应注意以下几点：

①只有企业销售的合格产品才能统计其销售量，销售的次品不能计入产品销售量。

②企业直接从外购进产成品，只是更换了标签或包装的，不能作为销售量统计。

③分清产品销售和预售的界限：预售指产品还没有生产出来以前，用户为了购买这种产品事先向工厂支付货款。预售不能算作销售。相反，有些产品采用了分期付款的形式，只要是用户拿到了这个商品，不管货款是否已付清，只要企业已经取得了收取货款的凭证就应作为销售。

（3）售出产品退货的处理遵从以下规定：

①退回本年内销售的合格品，应从本年销售量中扣除，同时计入库存量；退回本年内销售的不合格品，要在本年销售量中扣除，还要同时扣除本年生产量。

②退回本年以前售出的合格品，本年销售量不变，计入产品库存量中；退回本年以前售出的不合格品，本年销售量和本年生产量均不变。

③退回修理的产品，修理后仍交原用户的，不作为退货处理，在统计报表上不做反映。

指标 1.8　年初、期末库存量

在某一时点上，由本企业生产的尚存在企业产成品仓库中而暂未售出的产品的实物数量。

（1）产品库存量统计分年初库存量和年末库存量：

①年初库存量指在年初这一时间点上，产品的库存数量。

②年末库存量指在年末这一时间点上，产品的库存数量。

（2）在核算产品库存量时应遵循以下原则：

①产品库存必须是处于"实际库存"状态的产品。有的产品虽已结束了生产过程，但还没有验收合格，还没有办理入库手续，不能作为产品库存统计。有的产品已经售出，但按提货制要求还没有办妥货款结算手续的，按送货制要求未办理承运手续的，仍应作为本企业的产品库存量统计，而不能作为产品销售量统计。

②计入产品库存量的产品，必须是本企业有权销售的产品，对于已经销售并已办妥各项手续，但尚未提货的产品，本企业无权支配，这种产品虽然仍存在本企业仓库中，但不应统计为库存量。凡企业有权销售的产品，不论存放在什么地方，均应统计为库存量。

③产品库存量不能出现负数。如果产品还没有入库就已售出，应将售出的这部分产品补填入库和出库凭证，并相应计入产品产量中。

（3）产品库存量包括的内容：

①本企业生产的，报告期内经检验合格入库的产品。

②库存产品虽有销售对象，但尚未发货的。

③非工业企业和境外订货者来料加工产品尚未拨出的。

④盘点中的账外产品。

⑤产品入库后发现有质量问题，但未办理退库手续的产品。

（4）产品库存量不应包括的内容：

①属于提货制销售的产品，已办理货款结算和开出提货单，但用户尚未提走的产品。

②代外单位保管的产品。

③已结束生产过程但尚未办理入库存手续的产品。

指标 1.9 企业累计自用量及其他

本指标包括企业自用量和其他两部分。

企业自用量又称企业自产自用量，是指工业企业在报告期内生产的、已作本企业产量统计的、又作为本企业生产另一种产品的原材料使用的产品的数量。如钢铁企业用本企业生产的生铁炼钢，其计算了生铁产量又用于炼钢的生铁数量，应作为企业自用量统计。但是，由本企业验收合格后，作为商品出售给本企业生活用、在建工程用或行政部门用的产品数量，不能作为自用量统计，而应作为销售量统计。如钢铁企业将本企业生产的钢材用于本企业房屋维修用的数量，应作为销售量而不是自用量统计。

其他是指工业企业在报告期内将产品用于展览、捐赠、借出以及报废等方面的产品数量和盘盈盘亏的数量。企业以促销手段搭售的产品不能视为捐赠，而应作为销售对待。

指标 1.10 累计订货量

累计订货量指本企业报告期末止尚未兑现的订货数量，即企业现存的订货数量。订货的确认应根据企业正式签订的订货、供货合同为依据，对于下面三种类型的企业在填报订货指标时，具体处理如下：

（1）自建销售网点的企业，订货量要包括各销售网点向企业生产总部申请的要货量。但累计订货量只包括到本期末止还没有发货的合同供货的数量，企业已经发送的要货量不作为累计订货量填报。

（2）由代销商负责销售产品的企业，以双方商订的供货量作为订货量。但累计订货量只包括到本期末止还没有发货的合同供货的数量，企业已经发送的供货量不作为累计订货量填报。

（3）采取来料加工或提出技术要求进行定制产品生产的企业，以最初签订加工合同的时间核定订货量。但累计订货量只包括到本期末止还没有实现的订货数量，企业已经实现的订货量不作为累计订货量填报。

指标 1.11 累计订货额

累计订货额指本企业报告期末止尚未兑现的订货金额。与订货量的口径是一致的，凡是计算了累计订货量的产品，都应该计算其累计订货额。如果企业收到的订单上只有订货量而没有订货额，则要按照该批产品的预期销售价格（或以前的订货单价）计算出订货额来填报。

（二）台账格式

见附表 1-3。

四、主要经济指标统计台账编制

（一）重要指标解析

指标 1.12　年初存货

存货指企业在日常生产经营过程中持有以备销售，或者仍然处在生产过程，或者在生产或提供劳务过程中将消耗的材料或物资等，包括各类材料、商品、在产品、半成品、产成品等。年初存货指标根据会计"资产负债表"中"存货"项的年初数填列。

指标 1.13　流动资产合计

流动资产合计指企业可以在一年内或者超过一年的一个生产周期内变现或者耗用的资产，包括现金及各种存款、短期投资、应收及预付款项、存货等。根据会计"资产负债表"中"流动资产合计"项的期末数填列。

指标 1.14　现金及银行存款

现金及银行存款指单位的库存现金及储存在银行和其他金融机构的款项。根据会计"资产负债表"中对应科目的期末数填列。

指标 1.15　现金

现金指单位的库存现金。根据会计"资产负债表"中"现金"科目的期末数填列。

指标 1.16　短期投资

短期投资指企业购入的各种能随时变现、并准备随时变现的、持有时间不超过一年（含一年）的股票、债券和基金，以及不超过一年（含一年）的其他投资。根据会计"资产负债表"中的"短期投资"的期末数填列。

指标 1.17　应收账款（净额）

应收账款（净额）指企业因销售商品、产品、提供劳务等，应向购货单位或接受劳务单位收取款项。该指标根据会计"资产负债表"中"应收账款"项的年末数填列。

指标 1.18　存货

存货指企业在日常生产经营过程中持有以备销售，或者仍然处在生产过程，或者在生产或提供劳务过程中将消耗的材料或物资等，包括各类材料、商品、在产品、半成品、产成品等。本指标根据会计"资产负债表"中"存货"项的期末数填列。

指标 1.19　产成品

产成品指企业报告期末已经加工生产并完成全部生产过程，可以对外销售的制成产品。根据企业会计"资产负债表"中"产成品"的期末数填报。

指标 1.20　流动资产平均余额

流动资产平均余额指企业在报告期内全部流动资产的平均余额。计算公式为：

$$流动资产年平均余额 = 1 \sim 12 月各月流动资产平均余额之和 / 12$$

或：

$$= 1 \sim 12 月各月月初、月末流动资产之和 / 24$$

其中：

$$流动资产月平均余额 = （月初流动资产合计 + 月末流动资产合计） / 2$$

$$流动资产季平均余额 = 季内各月流动资产平均余额之和 / 3$$

指标1.21 长期投资合计

长期投资合计指企业持有的时间准备超过一年（不含一年）的各种股权、债权等性质的投资的可收回金额。根据会计"资产负债表"中的"长期投资合计"项的期末数填列。

指标1.22 长期股权投资

长期股权投资指企业不准备在一年内（含一年）变现的各种股权性质的投资。根据会计"资产负债表"中的"长期股权投资"的期末数填列。

指标1.23 长期债权投资

长期债权投资指企业不准备在一年内（含一年）变现的各种债权性质的投资。根据"资产负债表"中的"长期债权投资"的期末数填列。

指标1.24 固定资产合计

固定资产指单位使用期限超过一年的房屋、建筑物、机器、机械、运输工具以及其他与生产、经营有关的设备、器具、工具等。不属于生产经营主要设备的物品，单位价值在2 000元以上，并且使用年限超过两年的，也应当作为固定资产。此项根据会计"资产负债表"中"固定资产合计"项的期末数填列。

指标1.25 固定资产原价

固定资产原价指企业在购置、自行建造、安装、改建、扩建、技术改造某项固定资产时所支出的全部支出总额。根据会计"资产负债表"中"固定资产原价"项目的期末数填列。执行2006年《企业会计准则》的企业，根据"资产负债表附表"中的"固定资产原价"项目的期末数填列。

指标1.26 生产经营用固定资产

固定资产按其经济用途和使用情况综合分为七大类：生产经营用固定资产、非生产经营用固定资产、租出固定资产、不需用固定资产、未使用固定资产、土地、融资租入固定资产。

生产经营用固定资产指直接服务于单位生产、经营过程的各种固定资产，包括生产经营用的房屋、建筑物、机器设备、器具、工具等。

指标1.27 累计折旧

固定资产折旧指对固定资产由于磨损和损耗而转移到产品中去的那一部分价值的补偿。一般根据固定资产原价（选用双倍余额递减法计提折旧的企业，为固定资产账面净值）和确定的折旧率计算。本指标指企业在报告期末提取的历年固定资产折旧累计数。根据会计"资产负债表"中"累计折旧"项的年末数填列。

指标1.28 本年折旧

本年折旧指企业在报告期内提取的固定资产折旧合计数，根据会计核算中《资产减值准备、投资及固定资产情况表》内"当年计提的固定资产折旧总额"项本年增加数填列。

指标1.29 在建工程

在建工程指企业在报告期末为自己建造的各项未完工程实际支出和尚未使用的工

程物资的实际成本。根据"资产负债表"中"在建工程"项目的期末数填列。

指标1.30 固定资产净值平均余额

固定资产净值指固定资产原价减去累计折旧后的净额,其平均余额指报告期内余额的平均数。计算公式为:

$$固定资产净值年平均余额 = 1 \sim 12月各月固定资产净值平均余额之和/12$$

或:
$$= 1 \sim 12月各月月初、月末固定资产净值之和/24$$

其中:固定资产净值月平均余额 = (月初固定资产净值 + 月末固定资产净值)/2

固定资产净值季平均余额 = 季内各月固定资产净值平均余额之和/3

指标1.31 无形资产

无形资产指企业为生产商品、提供劳务、出租给他人或为管理目的而持有的没有实物形态的非货币性长期资产。根据"资产负债表"中"无形资产"项目的期末数填列。

指标1.32 资产总计

资产总计指企业拥有或控制的能以货币计量的经济资源,包括各种财产、债权和其他权利。资产按其流动性(即资产的变现能力和支付能力)划分为:流动资产、长期投资、固定资产、无形资产、递延资产和其他资产。根据会计"资产负债表"中"资产总计"项的期末数填列。

指标1.33 流动负债合计

流动负债合计指企业在一年内或超过一年的一个营业周期内需要偿还的债务,包括短期借款、应付票据、应付账款、预收账款、应付工资、应交税金、应付利润、预提费用等。根据企业会计"资产负债表"中"流动负债合计"的期末数填列。

指标1.34 应付账款

应付账款指企业在购销环节中产生的欠客户的短期债务。

根据会计"资产负债表"中的"应付账款"的期末贷方余额填列。

指标1.35 长期负债合计

长期负债合计指企业偿还期在一年以上或者超过一年的一个营业周期以上的债务,包括长期借款、长期应付款、应付债券等。根据会计"资产负债表"中的"长期负债合计"的期末数填列。

指标1.36 应付债券

应付债券指企业发行的尚未偿还的各种长期债券的本息。根据会计"资产负债表"中的"应付债券"项的期末数填列。

指标1.37 负债合计

负债合计指企业所承担的能以货币计量,将以资产或劳务偿付的债务,偿还形式包括货币、资产或提供劳务。负债一般按偿还期长短分为流动负债和长期负债。根据会计"资产负债表"中"负债合计"的期末数填列。

指标1.38 所有者权益合计

所有者权益合计指所有者在企业资产中享有的经济利益,它等于企业资产减去负

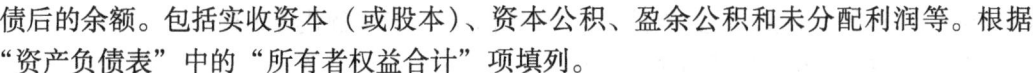

债后的余额。包括实收资本（或股本）、资本公积、盈余公积和未分配利润等。根据"资产负债表"中的"所有者权益合计"项填列。

指标 1.39　实收资本

实收资本指投资者按照企业章程，或合同、协议的约定，实际投入企业的资本。企业实收资本按照投资主体划分为国家资本、集体资本、法人资本、个人资本、港澳台资本和外商资本六种。根据"资产负债表"中的"实收资本"项填列。实收资本中如有以外币形式投入的资本，需折合成人民币形式填写。

指标 1.40　国家资本

国家资本指有权代表国家投资的政府部门或机构以国有资产投入企业形成的资本。不论企业的资本是哪个政府部门或机构投入的，只要是以国家资金进行投资的，均作为国家资本。根据会计"实收资本"科目期末余额分析填列。

指标 1.41　集体资本

集体资本指劳动群众集体所有的资产实际投入企业形成的资本。根据会计"实收资本"科目期末余额分析填列。

指标 1.42　法人资本

法人资本指我国具有法人资格的单位以其依法可以支配的资产投入企业形成的资本。根据会计"实收资本"科目期末余额分析填列。

指标 1.43　国有法人资本

国有法人资本指国有企业、国有事业单位等，用其占用的资产实际投入本企业，用以承担义务和据以享有权利的资金，即投入本企业形成法人资本（法人股）的资金。根据会计"实收资本"科目期末余额分析填列。

指标 1.44　个人资本

个人资本指我国公民以其合法财产投入企业形成的资本。根据会计"实收资本"科目期末余额分析填列。

指标 1.45　港澳台资本

港澳台资本指我国香港、澳门和台湾地区投资者将所有的资产实际投入企业形成的资本。根据会计"实收资本"科目期末余额分析填列。

指标 1.46　外商资本

外商资本指外国投资者（不包括我国香港、澳门和台湾地区投资者）将所有的资产实际投入企业形成的资本。根据会计"实收资本"科目期末余额分析填列。

指标 1.47　营业收入

营业收入指企业（单位）在报告期内从事销售商品、提供劳务及转让资产使用权等日常活动中所形成的总收入，包括主营业务收入和其他业务收入。根据会计"利润表"中对应指标计算填列。

指标 1.48　主营业务收入

主营业务收入指企业经营主要业务所取得的收入总额。此项目应根据会计的"主营业务收入""产品销售收入"等科目的本期累计发生额填列。执行 2006 年《企业会计准则》的企业，如果未设置该科目，则以营业收入发生额代替填列。

指标1.49　直接出口产品销售收入

直接出口产品销售收入指企业出口自己加工生产的产品和根据有关规定在国内收购货源自行组织出口商品的收入，不包括交外贸部门出口部分。按离岸价格统计，汇率折算标准按企业确定的记账汇率折算。

指标1.50　营业成本

营业成本指企业（单位）在报告期内从事销售商品、提供劳务等日常活动发生的各种耗费。根据会计"利润表"中对应指标计算填列。

指标1.51　主营业务成本

主营业务成本指企业经营主要业务发生的实际成本。此项目应根据会计的"主营业务成本""产品销售成本"等科目的本期累计发生额填列。执行2006年《企业会计准则》的企业，如果未设置该科目，则以营业成本发生额代替填列。

指标1.52　营业税金及附加

营业税金及附加指企业与营业收入有关的，应由各项经营业务分担的税金及附加。根据会计"利润表"中"营业税金及附加"的本年累计数填列。

指标1.53　主营业务税金及附加

主营业务税金及附加指企业经营主要业务应负担的营业税、消费税、城市维护建设税、资源税、土地增值税、教育费附加。根据会计"利润表"中对应指标"本年累计数"填列。执行2006年《企业会计准则》的企业，如果未设置该项科目，则以营业税金及附加发生额代替填列。

指标1.54　主营业务利润

主营业务利润指企业从事主要业务活动取得的利润。根据"利润表"中"主营业务利润"项的本期累计数填报。

指标1.55　其他业务收入

其他业务收入指企业主营业务以外的收入。根据会计"其他业务收入"科目的本期累计发生额归纳填列，或根据会计"利润表"中对应指标填列。

指标1.56　其他业务利润

其他业务利润指企业经营除主要业务以外的其他业务实现的利润。根据会计"利润表"中对应指标的本年累计数填列。执行2006年《企业会计准则》的企业，如果未设置该科目，则在此处填"0"。

指标1.57　营业费用

营业费用指企业在销售产品和提供劳务等日常经营过程中发生的各项费用以及专设销售机构的各项经费。根据"利润表"中对应项目填列。

指标1.58　管理费用

管理费用指企业行政管理部门和企业的董事会为组织和管理企业生产经营活动而发生的各项费用，根据"利润表"中"管理费用"项填列。

指标1.59　税金

税金指企业按照规定缴纳的房产税、车船使用税、土地使用税和印花税。根据会计"管理费用明细表"或"业务及管理费明细表"中有关项目归纳填列。

指标1.60　财产保险费

财产保险费指企业向保险公司投保所支付的财产保险费用。根据会计"管理费用明细表"或"业务及管理费明细表"中的对应项目填列。

指标1.61　差旅费

差旅费指企业在报告期按规定支付给因业务、工作需要出差人员的住宿费、交通费、伙食补助、杂费等。根据会计"管理费用明细表"和"业务及管理费明细表"中对应项目填列。

指标1.62　工会经费

工会经费指企业按规定计提的拨交工会使用的费用。根据会计"管理费用明细表"或"业务及管理费明细表"中的对应项目填列。

指标1.63　财务费用

财务费用指企业为筹集生产经营所需资金等发生的费用，包括利息支出、利息收入、汇兑净损失（已减汇兑收益），以及相关的手续费等，根据会计"利润表"中"财务费用"项填列。

指标1.64　利息收入

利息收入指企业生产经营期间发生的各项利息收入。根据会计"财务费用明细表"中"利息收入"项填列。

指标1.65　利息支出

利息支出指企业生产经营期间发生的短期借款利息、长期借款利息、应付票据利息、票据贴现利息、应付债券利息、长期应付引进国外设备款利息等各项利息支出。根据会计"财务费用明细表"中"利息支出"项填列。

指标1.66　营业利润

营业利润指企业从事生产经营活动所取得的利润，即主营业务收入减主营业务成本和主营业务税金及附加，加上其他业务利润，减去营业费用、管理费用、财务费用后的金额。本指标根据会计"利润表"中对应指标填列。执行2006年《企业会计准则》的企业，同样根据会计"利润表"中对应指标直接填列。

指标1.67　投资收益

投资收益指企业以各种方式对外投资所取得的收益或发生的损失。根据"利润表"中的"投资收益"项填列。若为投资损失，应在本项目金额前加"－"号。

指标1.68　股权投资收益

股权投资收益指企业各种股权性质的投资收益。

指标1.69　补贴收入

补贴收入指企业实际收到的补贴收入，包括实际收到的先征后返的增值税；企业按销量或工作量等，依据国家规定的补助定额计算并按期给予的定额补贴。根据"补贴收入"的发生额分析填列。

指标 1.70　营业外收入

此项根据企业"利润表"中"营业外收入"项的本年累计数填列。

指标 1.71　营业外支出

此项根据企业"利润表"中"营业外支出"项的本年累计数填列。

指标 1.72　利润总额

利润总额指企业在生产经营过程中各种收入扣除各种耗费后的盈余，反映企业在报告期内实现的亏盈总额，包括营业利润、补贴收入、投资净收益和营业外收支净额。根据会计"利润表"中对应指标的本期累计数填列。

指标 1.73　应交所得税

应交所得税指企业按税法规定，应从生产经营等活动的所得中缴纳的税金。根据会计"利润表"中对应指标的本期累计数填列。

指标 1.74　应付工资总额（贷方累计发生额）

应付工资总额指企业在报告期内支付给本单位从业人员的全部工资，它反映企业本期累计应付的工资总额，而不是会计"应付工资"科目的余额。根据会计"应付工资"科目的本期贷方累计发生额填列，或根据企业成本、费用明细表中"工资"项本期累计发生额填列。如果外籍及港澳台方人员工资未计入"应付工资"科目，则应从相关成本、费用科目中摘取并计入。

指标 1.75　主营业务应付工资总额

主营业务应付工资总额指报告期内企业应付给与主营业务直接有关人员的工资。工业企业是指应付给与工业生产经营活动直接有关的职工工资总额，根据会计"应付工资"科目中本期转入"生产成本""制造费用""管理费用""产品销售费用"科目的贷方发生额（即本期应由上述科目负担的工资）归纳填列，或根据企业成本、费用明细表中"工资"项本期累计发生额填列。如果外籍及港澳台方人员工资未计入"应付工资"科目，则应从相关成本、费用科目中摘取并计入。

指标 1.76　应付福利费总额

应付福利费总额指企业在报告期内根据国家有关规定开支的各项福利费用。根据会计"应付福利费"科目的本期贷方累计发生额填报，或根据企业成本、费用明细表中"福利费"项本期累计发生额填报。如果付给外籍及港澳台方人员的福利费未计入"应付福利费"科目，则应从相关成本、费用科目中摘取并计入。

指标 1.77　主营业务应付福利费总额

主营业务应付福利费总额指报告期内企业应付给与主营业务直接有关人员福利费。工业企业应付给与工业生产经营活动直接有关的职工福利费总额，根据会计"应付福利费"科目的贷方发生额中从"生产成本""制造费用""管理费用""产品销售费用"科目中提取的福利费归纳填列，或根据企业成本、费用明细表中"福利费"项本期累计发生额填报。如果付给外籍及港澳台方人员的福利费未计入"应付福利费"科目，则应从相关成本、费用科目中摘取并计入。

指标1.78 应交增值税

应交增值税指企业按税法规定,从事货物销售或提供加工、修理修配劳务等增加货物价值的活动本期应缴纳的税,即企业在报告期应交增值税额。计算公式为:

$$本年应交增值税 = 销项税额 - (进项税额 - 进项税额转出) - 出口抵减内销产品$$
$$应纳税额 - 减免税款 + 出口退税$$

本项根据企业会计"应交增值税明细表"计算填列。

指标1.79 进项税额

进项税额指工业企业在报告期内购入货物或接受应税劳务而支付的、准予从销项税额中抵扣的增值税额。

指标1.80 销项税额

销项税额指工业企业在报告期内销售货物或提供应税劳务应收取的增值税额。

指标1.81 广告费

广告费指企业在生产经营过程中发生的广告费用。根据会计"营业费用"和"管理费用"科目中的对应项目填报。

指标1.82 社会保险费

社会保险费指企业在报告期根据国家规定的标准向社会保障部门和保险公司为职工个人缴纳的社会保险费。具体包括基本养老保险、补充养老保险(年金)、基本医疗保险、补充医疗保险、生育险、失业险、工伤险以及其他人身险。根据会计成本、费用中的相关项目计算填报,不包括"应付福利费"支付的保险费。

指标1.83 劳动、失业保险费

劳动、失业保险费指企业在报告期向社会保障部门和保险公司为职工缴纳的劳动保险费和失业保险费。根据会计成本、费用中的相关项目计算填列,不包括"应付福利费"支付的保险费。

指标1.84 养老保险费

养老保险费指企业在报告期向社会保障部门和保险公司以单位和个人按缴费基数的一定比例为职工缴纳的养老保险费。根据会计成本、费用中的相关项目计算填列,不包括"应付福利费"支付的保险费。

指标1.85 医疗保险费

医疗保险费指企业在报告期向社会保障部门和保险公司以单位和个人按缴费基数的一定比例为职工缴纳的医疗保险费。根据会计成本、费用中的相关项目计算填列,不包括"应付福利费"支付的保险费。

指标1.86 生育保险费

生育保险费指企业在报告期向社会保障部门和保险公司以单位和个人按缴费基数的一定比例为职工缴纳的生育保险费。根据会计成本、费用中的相关项目计算填列。不包括"应付福利费"支付的保险费。

指标1.87 工伤保险费

工伤保险费指企业在报告期向社会保障部门和保险公司为职工按缴费基数的一定

比例缴纳的工伤保险费。根据会计成本、费用中的相关项目计算填列，不包括"应付福利费"支付的保险费。

指标1.88 住房公积金及住房补贴

住房公积金及住房补贴指企业在报告期为职工缴纳的住房公积金和企业支付的职工住房补贴。不包括一次性住房补贴。支付给外籍及港澳台方人员的住房费用和补贴也包括在内。根据会计成本、费用中相关项目计算填列。

指标1.89 从业人员平均人数

从业人员平均人数指报告期内单位每月平均拥有的从业人员人数。从业人员指在报告期内与企业订立劳动合同的所有人员，含全职、兼职和临时职工，也包括虽未与企业订立劳动合同但由企业正式任命的人员，如董事会成员、监事会成员等；以及在企业的计划和控制下，虽未与企业订立劳动合同或未由其正式任命，但为其提供与职工类似服务的人员，如劳务用工合同人员。计算方法为：

从业人员平均人数=报告期内各月从业人员平均人数之和/报告期内月数

其中： 月平均人数=（月初从业人员数+月末从业人员数）/2

年平均人数=（1月平均人数+2月平均人数+…+12月平均人数）/12

指标1.90 代扣代缴个人所得税

代扣代缴个人所得税指单位按照税法的规定，根据支付的个人应税所得，不论其是否属于本单位人员，代扣代缴的个人所得税。根据单位"应交税金——个人所得税"科目本期贷方累计发生额填列。

指标1.91 应付利润

应付利润指企业在报告年度内应付给投资者的利润。

指标1.92 资产减值损失

资产减值损失指企业各项资产发生的减值损失。根据"利润表"中的"资产减值损失"填列。

指标1.93 公允价值变动收益

公允价值变动收益指企业应当计入当期损益的资产或负债公允价值变动收益。根据"利润表"中的"公允价值变动收益"填列，如为损失以"－"号记。

指标1.94 累计境内股市筹资额

累计境内股市筹资额指企业自上市以来累计通过上海、深圳股票市场募集的资金。包括初次发行、增发、配股等。

指标1.95 累计境内股市筹资额中本年筹资额

累计境内股市筹资额中本年筹资额指企业本年累计通过上海、深圳股票市场募集的资金。

指标1.96 累计境外股市筹资额

累计境外股市筹资额指企业自上市以来累计通过上海、深圳以外的股票市场募集的资金。包括初次发行、增发、配股等。

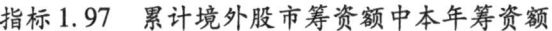

指标 1.97　累计境外股市筹资额中本年筹资额

累计境外股市筹资额中本年筹资额指企业本年累计通过上海、深圳以外的股票市场募集的资金。

指标 1.98　工业中间投入合计

工业中间投入合计指工业企业在报告期内用于工业生产活动所一次性消耗的外购原材料、燃料、动力及其他实物产品和对外支付的服务费用，是计算工业增加值的基础指标。

计算工业中间投入须遵循以下三条原则：

（1）必须是从企业外部购入的产品和服务的价值，不包括生产过程中回收的废料以及自制品的价值。

（2）必须是本期投入生产，并一次性消耗的产品和服务的价值，不包括固定资产等的转移价值。

（3）工业中间投入的计算口径必须与工业总产值的计算口径一致，即计入了工业中间投入产品和服务的价值必须是计入了工业总产值的部分。

工业中间投入包括直接材料、制造费用和其他直接费用中的中间投入、管理费用中的中间投入、营业费用中的中间投入和财务费用五个指标，企业应首先计算出这五个指标，再加总计算出工业中间投入合计。

工业中间投入的计算可以采用两种方法，如下：

（1）正算法，即将制造费用和其他直接费用、管理费用、营业费用中属于中间消耗的部分分别相加，中间物质消耗按不含增值税的价格计算，再加上直接材料和财务费用，得出工业中间投入总和。

（2）倒算法，即分别用制造费用和其他直接费用、管理费用、营业费用合计减去该项费用中属于增加值的项目，包括：①固定资产折旧；②直接或间接支付给个人的部分，如工资、折旧、福利费、劳动失业保险等；③支付给非物质生产部门（除工业、农业、运输邮电、建筑业、批发零售贸易餐饮业以外的部分）的税金、规费及其他费用，如房地产税、车船使用税、土地使用税、印花税、养路费等。倒算出三项费用中的中间消耗，再加上直接材料和财务费用，计算出工业中间投入总和。在实际操作过程中，采用倒算法比较简便易行，建议企业采用倒算法计算。

（二）台账格式

见附表 1－4。

五、工业经济效益评价统计台账编制

（一）重要指标解析

指标 1.99　总资产贡献率

总资产贡献率指利润总额、税金总额和利息支出三项合计与平均资产总额的比率。其中税金总额包括增值税、营业税及附加、管理费用中的税金等。

指标 1.100　资本保值增值率

资本保值增值率指期末所有者权益与上年同期期末所有者权益之比。

指标 1.101　资产负债率

资产负债率指负债总额与资产总额的比率。

指标 1.102　流动资产周转率

流动资产周转率指产品销售收入与流动资产平均余额的比率。

指标 1.103　成本费用利润率

成本费用利润率指利润总额与成本费用总额的比率。成本费用总额包括营业成本和三大期间费用。

指标 1.104　全员劳动生产率

全员劳动生产率指工业增加值与全部从业人员平均人数的比率。

工业增加值是指工业企业在报告期内以货币形式表现的工业生产活动的最终成果，是企业全部生产活动的总成果扣除了在生产过程中消耗或转移的物质产品和劳务价值后的余额，是企业生产过程中新增加的价值。

计算工业增加值通常有生产法和分配法两种。

（1）按"生产法"计算：

$$工业增加值 = 现价工业总产值 - 工业中间投入 + 本期应交增值税$$

（2）按"分配法"计算：

$$工业增加值 = 固定资产折旧 + 劳动者报酬 + 生产税净额 + 营业盈余$$

此种方法涉及四个部门的四大要素，即固定资产折旧、劳动者报酬、生产税净额、营业盈余，分别对应于资本、劳动力、国家（宏观管理）和企业（微观管理）。其中，劳动者报酬包括工资、福利费、劳动及待业保险费、住房补贴等；生产税净额包括产品销售税金及附加、应交增值税、管理费用中的税金等。

①折旧费：从会计"资产负债表"中固定资产科目中取得。

②工资：从人力资源部"劳动工资"报表或会计核算"损益表"中取得，对应的人数为单位从业人员。

③福利费：从会计核算"损益表"中取得。

④劳动、待业保险费：从会计"管理费用"明细表中取得。

⑤住房补贴：从管理费用的明细科目中取得。

⑥产品销售税金及附加：从会计"损益表"中产品销售收入科目中取得。

⑦本期应交增值税：从会计"应交税金及附加费明细表"中取得。

⑧管理费用中的税金：从管理费用的明细科目中取得。

⑨营业盈余：指工业企业创造的增加值扣除劳动者报酬、生产税净额和固定资产折旧后的余额。它相当于企业的营业利润加上生产补贴，但要扣除从利润中开支的工资和福利以及税后利润中提取的公益金等。计算公式为：营业盈余 = 营业利润 + 生产补贴 - 从利润中开支的工资和福利 - 从税后利润中提取的公益金 - 其他。

指标 1.105 工业产品销售率

工业产品销售率指工业销售产值与工业总产值的比率。

（二）台账格式

见附表 1-5。

第三章　国家基层报表编制

统计报表有基层报表和综合报表之分，本书从面向基层角度出发，只介绍国家统计报表制度中经常性统计报表制度下各种基层统计报表的编制。该部分内容主要介绍各行各业统计报表的编制，如工业统计报表编制、批发零售餐饮住宿业统计报表编制、建筑业统计报表编制等。由于行业间同一类型报表的表式及填报方法基本相同，因此本书选择工业企业统计报表编制为主要介绍对象，对其他行业统计报表编制只做部分介绍。

第一节　规模以上工业企业统计报表编制

工业统计报表制度按统计范围分为规模以上工业统计报表制度和规模以下工业统计报表制度两种。其内容涉及工业法人和产业活动单位基本情况；生产经营、财务和信息化情况；劳动情况；能源消费和用水情况；固定资产投资情况；科技活动情况；物流活动情况；价格情况；企业景气情况九个方面，报表数量达 40 多个。由于篇幅所限，同时也因为定报与年报、规模以上报表与规模以下报表存在一定的重复性，因此本书在介绍工业企业统计报表编制的时候，亦以规模以上工业企业统计报表的编制为主，对规模以下工业企业统计报表只进行个别介绍。

规模以上工业统计报表制度统计范围是年主营业务收入 500 万元及以上的工业法人单位，其他工业单位适用规模以下工业统计报表制度。

一、概述

（一）统计内容

本报表制度的统计内容包括工业法人和产业活动单位基本情况；生产经营、财务和信息化情况；劳动情况；能源消费和用水情况；固定资产投资情况；科技活动情况；物流活动情况；价格情况；企业景气情况九方面。

（二）统计对象

本报表制度的统计对象为从事工业生产经营活动的法人单位及其所属的产业活动单位。工业生产经营活动主要包括对自然资源的开采，对农副产品和采掘品的加工、再加工，对工业品的修理、翻新等生产经营活动。具体指《国民经济行业分类》（GB/T4754—2002）中属于"B 采矿业，C 制造业，D 电力、燃气及水的生产供应业"三个行业门类的活动。

法人单位是指同时具备以下条件的单位：①依法成立，有自己的名称、组织机构和场所，能够独立承担民事责任；②独立拥有和使用（或授权使用）资产，承担负债，

有权与其他单位签订合同；③会计上独立核算，能够编制资产负债表。

产业活动单位是指同时具备以下条件的单位：①在一个场所从事一种或主要从事一种经济活动；②相对独立地组织生产、经营或业务活动；③能够掌握收入和支出等核算资料。

本报表制度规定了以下统计原则：

（1）电力生产企业的统计原则：独立核算的电力生产企业为法人单位；非独立核算的电力生产企业视同独立核算的法人单位；发电公司、供电公司下属的非独立核算电力生产企业视同法人单位。

（2）电网经营企业的统计原则：独立核算的市、区县级供电公司为法人单位；非独立核算的市级分公司视同法人单位，非独立核算的区县级供电公司为产业活动单位；国家电网公司、区域电网公司只填报本级数据，不包括下属法人企业和视同法人企业的数据。

（三）统计范围

本报表制度的统计范围为规模以上工业法人单位及其所属的产业活动单位。按照工业统计的规模划分标准，规模以上工业法人单位为年主营业务收入 500 万元及以上的工业法人单位。

主要报表统计范围详见附件。

（四）统计原则

（1）本报表制度严格执行"法人经营地"统计原则，即各法人单位按照实际生产经营地（办公地）向所在地统计机构报送统计数据；产业活动单位由其归属法人单位进行统计；若一个法人单位有两个或两个以上经营地（办公地）的，按法人总部所在地上报统计数据。

（2）根据"法人经营地"统计原则，在我市生产经营的法人单位填报《法人单位基本情况》（简称 101 表，下同）和所属的全部产业活动单位（包括法人单位本部，以及在本市和京外地区兴办的产业活动单位）的《产业活动单位基本情况》（简称 101－1表，下同）；中关村科技园区内法人单位加报《中关村科技园区法人单位基本情况》（简称 101－7 表，下同）。

（3）劳动统计执行"谁发工资谁统计"的原则，即在法人单位直接领取全部劳动报酬、生活费的人员都应由发放单位统计。

（4）能源、水统计执行"谁消费谁统计"的原则，即"谁"实际消费了能源、水，不论其支出费用与否，就由"谁"统计。

（5）计划总投资或实际需要总投资 500 万元及以上的固定资产投资项目必须以建设项目为填报对象。50 至 500 万元的固定资产投资项目，原则上按建设项目填报，为减轻基层单位统计填报的工作量，项目多的单位也可以将国民经济行业相同、建设地点相同的建设项目打捆填报。新开工项目不能合并到以前年度开工的项目中，只能单独填写基层表（500 万元及以上项目）或与其他新开工项目（50 至 500 万元项目）合并上报。

（6）价格统计严格遵循可比性原则。工业品价格调查中所涉及的工业产品在报告期和基期的内容和质量（即类别、品名、规格和计量单位等）要保持一致；固定资产投资价格调查中所涉及的价格应与当年构成投资额的价格保持一致，报告期和基期价格进行比较时，必须保证调查投资品和取费项目的内容和质量（即类别、品名、规格和计量单位等）保持一致。

（五）特殊说明

（1）单产业法人单位填报 101 表，免报 101 - 1 表；多产业法人单位填报 101 表，法人本部及所属的产业活动单位分别填报 101 - 1 表。单产业法人单位是指只位于一个场所并主要从事一种社会经济活动的法人单位；多产业法人单位是指从事多种经济活动，或者位于多个地点的法人单位，多产业法人单位由两个或两个以上产业活动单位组成。

（2）年报 101 表、101 - 1 表、101 - 7 表的数据采集维护方式：市级统计机构将已维护的最新数据导入"北京统计数据集中采集平台"（以下简称"采集平台"），生成年报调查单位信息。调查单位对"采集平台"提供的本单位信息进行核实，并根据实际情况，对具有修改权限的指标进行修改。

（3）定报 201 表、201 - 7 表的数据采集维护方式："采集平台"上调查单位信息由市级统计机构统一修改，调查单位不能在"采集平台"上修改。具体方式是：市级统计机构将年报调查单位信息复制为定报调查单位信息，并根据北京市基本单位名录库系统中的单位新增或变更情况，定期维护"采集平台"。

（六）具体要求

（1）为满足国家和北京市经济管理的需要，确保统计资料按时汇总上报，各单位要严格遵守本报表制度规定的统计数据报送时间，遇节假日一律不顺延。

（2）按照新《统计法》的要求，为保障统计源头数据质量，做到数出有据，各调查单位应当设置原始记录、统计台账，建立健全统计资料的审核、签署、交接、归档等管理制度。统计台账是指可以体现调查单位上报的统计数据与调查单位生产经营过程中产生的原始记录之间数据来源关系的文档资料。各调查单位可以使用统计部门提供的统计台账，也可以根据本单位具体情况自行设计。

（3）本报表制度采用全市统一的统计分类标准和编码，各单位必须严格执行，不得自行更改。

（4）上报内容必须完整，不得遗漏项目，包括单位负责人、统计负责人、填表人、联系电话、报出日期等。

（5）报送方式：N241 表通过指定网址（http//www. stats. gov. cn）直报国家统计局；其他报表通过"采集平台"（网址：http：//www. bjes. gov. cn）填报统计数据。

（6）通过"采集平台"填报数据的调查单位，除特别说明外，一律免报纸介质报表，但须按规定留存填报内容和填报依据。

（7）本报表制度规定了"采集平台"上调查单位报送数据、区县统计机构验收数据及市统计机构向国家统计局上报数据的截止时间，各单位必须严格执行。网报单位报送统计数据的具体时间以"采集平台"规定的时间为准。

（8）规模以上单位同期数填报的规定：由规模以下升为规模以上的单位，或由于重组、拆分等变更登记的单位，必须填报同期数，新建投产的单位不填报同期数。

（9）除特殊说明外，本方案中价值量指标均按人民币计量，凡以外币形式计算的均以2009年的年末汇率折合成人民币填写。

（10）根据全市能源消费量核算的需要，首钢集团公司向市统计机构抄报首钢总公司能源平衡表（年度）。2010年3月3日前以纸介质报送。

（11）各单位有义务完成各级政府统计机构布置的其他统计调查任务。

（七）表中数据填写要求

表中数据为"0"时，应填"0"；表中数据未发生，应空着；不应填写数据的应填符号"—"；估算的数据应做补充说明；无法取得的数据应用"…"表示。表格数据不应用"同上""同左"等字样。

（八）报表表式

北京市统计局颁布的2010年《工业企业统计制度（规模以上企业）》，共收录报表40多个，分年报和定报两类。从内容角度看，上述统计制度将报表分为以下几类：①单位基本情况统计；②生产经营、财务统计；③劳动统计；④能源、水统计；⑤固定资产投资统计；⑥科技统计；⑦价格统计；⑧中关村科技园区统计；⑨景气调查。

本书仅在主要报表类别中挑选了一些代表性表格加以介绍。

二、主要报表编制

（一）单位基本情况报表填制

1. 重要指标解析及填写方法

指标2.1 报表类别（50）

统计机构根据"06行业代码"，参照《报表类别与国民经济行业分类对照表》填写。

指标2.2 组织机构代码（01）

组织机构代码指根据中华人民共和国国家标准《全国组织机构代码编制规则》（GB11714—1997），由组织机构代码登记主管部门给每个企业、事业单位、机关、社会团体和民办非企业等单位颁发的在全国范围内唯一的、始终不变的法定代码。

具体填写规定如下：

（1）组织机构代码填写规定。法人单位和产业活动单位组织机构代码均由8位无属性的数字（或规定字母）和1位校验码组成。在填写时，要按照质量监督检验部门颁发的《中华人民共和国组织机构代码证》上的代码填写。已经领取了组织机构代码的法人单位和产业活动单位必须使用组织机构代码，不得使用临时代码。尚未领到组织机构代码或不属于组织机构代码赋码范围的单位，一律由各级统计机构从临时码段中赋予代码。

产业活动单位是法人单位本部的，如果没有组织机构代码，使用法人单位组织机构代码的前 8 位，第 9 位校验码填 "B"。

（2）临时代码使用规定。严格按《北京市统计调查单位临时码管理办法》执行，尚未领取法定代码的单位应及时到质量监督检验部门补领。本次调查以前不属于法定代码赋码范围，已被赋予临时码的单位，依然沿用原临时码；新增需赋临时码的单位从临时码段赋予。各级统计机构要严格控制临时代码的发放，做到发放代码的不重不漏。

指标 2.3　单位详细名称（02）

单位详细名称指经有关部门批准正式使用的单位全称。企业的详细名称按工商部门登记的名称填写；行政、事业单位的详细名称按编制部门登记、批准的名称填写；社会团体、民办非企业单位、基金会和基层群众自治组织的详细名称按民政部门登记、批准的名称填写。填写时要求使用规范化汉字全称，与单位公章所使用的名称完全一致。凡经登记主管机关核准或批准，具有两个或两个以上名称的单位，要求填写一个法人单位名称，同时用括号注明其余的单位名称。

指标 2.4　法定代表人（单位负责人）（03）

法定代表人指依照法律或者法人组织章程规定，代表法人行使职权的负责人。

企业法定代表人按《企业法人营业执照》填写；事业单位法定代表人按《事业单位法人证书》填写；机关的法定代表人填写单位主要负责人；社团法定代表人按《社团法人登记证书》填写；民办非企业单位法定代表人按《民办非企业单位（法人）登记证书》填写；基金会法定代表人按《基金会法人登记证书》填写；产业活动单位及无证书的单位填写本单位的主要负责人。

指标 2.5　单位所在地及区划（04）

单位所在地及区划指单位实际所处的详细地址和区划代码。

本栏分两部分填写：

（1）区划代码是指单位所在地区的区划代码，统一按区划代码目录填写。区划代码编制规则：代码共有 12 位阿拉伯数字，分为三段。

第一段为 6 位数字，表示县及县以上的区划，第二段为 3 位数字，表示街道、镇和乡；第三段为 3 位数字，表示社区居委会和村民委员会。

第二段 3 位代码中的第一位数字为类别标识，以 "0" 表示街道，"1" 表示镇，"2 和 3" 表示乡，"4 和 5" 表示政企合一的单位；第二、三位数字为该代码段中各区划的顺序号。具体编码方法如下：

①街道的代码从 001 至 099，按由小到大顺序编写；

②镇的代码从 100 至 199，按由小到大顺序编写；

③乡的代码从 200 至 399，按由小到大顺序编写；

④政企合一单位的代码从 400 至 599，按由小到大顺序编写。

第三段的 3 位代码为社区居委会和村民委员会的代码，用 3 位顺序码表示。具体编码方法如下：

①社区居委会的代码从 001 至 199，按由小到大顺序编写；

②村民委员会的代码从 200 至 399，按由小到大顺序编写。

（2）单位实际所在地的详细地址。要求写明单位所在的省（自治区、直辖市）、地（区、市、州、盟）、县（区、市、旗）、乡（镇）以及具体街（村）的名称和详细的门牌号码，不能填写通讯号码或通讯信箱号码。

单位所在的街道（乡、镇）以及社区居（村）委会位于城市内的单位填写所在街道办事处及社区居委会的名称；位于农村的单位填写所在乡镇和村委会的名称。

指标 2.6　单位地理位置（51）

此项按二、三、四、五、六环路范围已形成的路线范围，填写本单位所处位置。

指标 2.7　联系方式（05）

联系方式包括长途区号、固定电话、传真号码、分机号、移动电话、邮政编码、电子信箱和网址。其中：固定电话、传真号码、分机号、移动电话、电子信箱和网址等项应根据本单位实际情况填写。

在填写电话号码时，将号码以左顶齐方式从左向右填写在方框内；电话号码以填写固定电话为主，对于确定没有固定电话的单位，可以填写主要负责人的移动电话号码；小灵通号码填入移动电话一栏。

指标 2.8　行业类别（06）

行业类别指根据单位从事的社会经济活动性质对各类单位进行的国民经济行业分类。

本项分两部分填写：

（1）主要业务活动（或主要产品）。具体填写各单位的一至三种主要业务活动（或主要产品）名称，并按其重要程度或总产值所占比重，从大到小顺序排列。主要业务活动是指从事产品制造活动、建筑施工活动、交通运输活动、批发零售活动、餐饮住宿活动等。本项应当反映本单位实际经营活动的状况，要尽可能详细、具体地填写。军工企业兼生产民品的，要填写主要民品的名称。筹建单位按建成投产（营业）后的活动性质填写主要业务活动（或主要产品）名称。

（2）行业代码。根据主要业务活动（或主要产品），对照《国民经济行业分类》（GB/T4754—2002），填写行业小类代码。军工企业按军工生产的性质划入相应的行业并填写行业小类代码。军工企业兼生产民品的，即使目前企业的民品产值大于军工产值，但军工企业的生产方向并未改变，按军工生产的性质划入相应行业并填写行业小类代码。筹建单位按建成投产（营业）后的活动性质填写行业小类代码。

指标 2.9　机构类型（14）

机构类型包括各类法人单位及法人单位本部、分支机构和派出机构等产业活动单位。机构类型划分为企业、事业单位、机关、社会团体、民办非企业单位、基金会、居委会、村委会和其他组织机构。

（1）企业，包括：①领取《企业法人营业执照》的各类企业；②个人独资企业、合伙企业；③由其他行政主管部门依据有关法律法规审批成立，且具备法人条件的企业；④未经有关部门批准、但实际从事生产经营活动的企业；⑤经各级工商行政管理部门核准登记，领取《营业执照》的各类产业活动单位或经营单位；⑥符合产业活动单位条件的企业法人的本部及分支机构；⑦外国企业常驻代表机构、办事机构。

（2）事业单位，包括：①经机构编制部门批准成立和登记或备案，领取《事业单位法人证书》，取得法人资格的单位；②由其他行政主管部门依据有关法律法规审批成立，且具备法人条件的事业单位；③事业法人单位的本部及分支机构或派出机构。

（3）机关，包括国家权力机关、国家行政机关、国家司法机关、政党机关、政协组织、人民解放军、武警部队和其他机关；还包括机关法人单位的本部，以及国家权力机关分支机构、国家行政机关分支或派出机构、人民法院分支机构、人民检察院分支机构等。

①国家权力机关指全国人民代表大会及其常务委员会、地方各级人民代表大会及其常务委员会和办事机构。

②国家行政机关指国务院和地方各级人民政府及其工作部门，以及地区行政行署。

③国家司法机关指国家审判机关和检察机关。

④政党机关指中国共产党各级机关和所属办事机构、各民主党派各级机关和办事机构。

⑤政协组织指中国人民政治协商会议全国委员会和地方各级别委员会及其办事机构。

（4）社会团体是指中国公民自愿组成，为实现会员共同意愿，按照其章程开展活动的非营利性社会组织。包括：①经各级民政部门核准登记，领取《社会团体法人证书》的各类社会团体；②由各级机构编制管理部门直接管理其机关机构编制的群众团体；③经国务院批准可以免于登记的社会团体；④由其他行政主管部门依据有关法律法规审批成立，不需要进行登记的具备法人条件的社会团体；⑤社团法人单位的本部，以及经各级民政部门核准登记，领取《社会团体分支机构登记证书》或《社会团体代表机构登记证书》的社会团体分支机构或代表机构；⑥在民政部门领取代表机构证书的外国民间非营利组织在中国常驻代表机构。

（5）民办非企业单位是指企业单位、事业单位、社会团体和其他社会力量以及公民个人利用非国有资产举办的，从事非营利性社会服务的社会组织。包括：①经各级民政部门核准登记，领取《民办非企业单位（法人）登记证书》的民办非企业单位；②由其他行政主管部门依据有关法律法规审批成立，不需要进行登记的具备法人条件的民办非企业单位。民办非企业法人不得设立分支机构。

（6）基金会，包括：①民政部和省级民政部门核准登记的，颁发《基金会法人登记证书》的基金会；②基金会的本部及分支机构和境外基金会代表机构。

（7）居民委员会是由不设区的市、市辖区的人民政府决定设立的社区（居委会）。

（8）村民委员会是由乡、民族乡、镇的人民政府提出，经村民会议讨论同意后，

报县级人民政府批准，设立的村民委员会。

（9）其他组织机构是指除企业、事业单位、机关、社会团体、民办非企业单位、基金会、居民委员会和村民委员会以外的其他符合法人和产业活动单位条件的机构。

指标2.10 执行会计制度类别（13）

执行会计制度类别分为执行企业会计制度、事业单位会计制度、行政单位会计制度、民间非营利组织会计制度和其他五种情况。

（1）企业会计制度。执行工业企业会计制度、施工企业会计制度、运输（交通）企业会计制度、运输（铁路）企业会计制度、运输（民用航空）企业会计制度、公路经营企业会计制度、邮电通信企业会计制度、农业企业会计制度、国有林场和苗圃会计制度、国有农牧渔良种场会计制度、水利工程管理单位会计制度、商品流通企业会计制度、旅游、饮食服务企业会计制度、金融企业会计制度、城市合作银行会计制度、保险公司会计制度、股份有限公司会计制度、对外经济合作企业会计制度等的企业（单位）选填此项。包括实行企业化管理、执行企业会计制度的事业单位。

（2）事业单位会计制度。执行事业会计制度的各类事业单位选填此项。包括执行特殊行业会计制度的事业单位（如执行科学事业单位会计制度、中小学校会计制度、高等学校会计制度、医院会计制度、测绘事业单位会计制度、国家物资储备资金会计制度等）以及执行事业会计制度的社会团体；但不包括实行企业化管理、执行企业会计制度的事业单位。

（3）行政单位会计制度。执行行政会计制度的单位选填此项。包括各类行政机关、政党机关及执行行政会计制度的社会团体，但不包括执行事业会计制度的社会团体。

（4）民间非营利组织会计制度。执行民间非营利组织会计制度的单位选填此项。包括执行民间非营利组织会计制度的社会团体、基金会、民办非企业单位和寺院、宫、观、清真寺、教堂等。

（5）其他。不执行以上四类会计制度的单位选填此项。社区（居委会）、村委会选填此项。

指标2.11 登记注册（或批准）情况（07）

此项填写办理登记注册手续的机关（或批准成立的机关）名称、级别和登记注册号码。

（1）登记注册（或批准）机关名称。本项为复选指标，即登记注册机关（或批准机关）为多个时，可复选多项，若已选前三项中的任何一项，就不能再选"9 其他"。不属于前三项的选填"其他"，并在后面的登记注册号最下行横线上注明具体的批准机关名称；如果确实未经任何部门批准，请注明"无"，并免填登记注册机关级别。国家机关、政党机关以及社区居委会、村民委员会一律选填"9 其他"，不需注明批准机关。

（2）登记注册机关级别。单位应在所选择的登记注册（或批准）机关相对应的机关级别栏中，填入所选机关级别代码。登记注册（或批准）机关级别划分为：①国家；②省（市）；③地（市）；④区（县）。

（3）登记注册号。单位应在与所选的登记注册（或批准）机关名称相对应的登记注册号栏中，填写所选的工商、机构编制、民政部门办理审批、登记注册的号码。企业填写营业执照上的注册号；事业单位填写事业单位登记证上的登记号；社会团体填写社会团体登记证上的登记号；民办非企业单位填写民办非企业登记证上的登记号；基金会填写基金会登记证上的登记号；事业单位分支机构、派出机构、社会团体分支、代表机构，在填写登记注册号时，如无登记证书，须填写经编制、民政部门批准设立、成立的文号或时间。所有单位均需填写税务部门登记注册号。

指标2.12　单位注册地址（52）

此项具体填写本单位在工商部门登记注册的地址或其他部门审批获准经营的地址。

注册地代码根据单位注册地址填写区划代码的前9位，即填到乡镇、街道一级。代码对照《统计上使用的北京市街道、乡、镇级区划代码》目录填写。

指标2.13　注册开发区（53）

此项填写注册开发区名称，代码按《开发区名称及代码》目录填写。

指标2.14　登记注册类型（08）

企业法人或企业产业活动单位的登记注册类型，按其在工商行政管理机关登记注册的类型填写。如企业登记注册类型发生变化，但未及时到工商部门变更登记，企业应根据变化后的实际情况填写。

其他法人和产业活动单位的登记注册类型，按其主要经费来源和管理方式，根据实际情况，比照《企业登记注册类型与代码》填写。

工商行政管理部门对企业登记注册的类型分为以下各种：

（1）国有企业是指企业全部资产归国家所有，并按《中华人民共和国企业法人登记管理条例》规定登记注册的非公司制的经济组织，不包括有限责任公司中的国有独资公司。

（2）集体企业是指企业资产归集体所有，并按《中华人民共和国企业法人登记管理条例》规定登记注册的经济组织。

（3）股份合作企业是指以合作制为基础，由企业职工共同出资入股，吸收一定比例的社会资产投资组建，实行自主经营，自负盈亏，共同劳动，民主管理，按劳分配与按股分红相结合的一种集体经济组织。

（4）联营企业是两个及两个以上相同或不同所有制性质的企业法人或事业单位法人，按自愿、平等、互利的原则，共同投资组成的经济组织。联营企业包括国有联营企业、集体联营企业、国有与集体联营企业和其他联营企业。

①国有联营企业是指所有联营单位均为国有。

②集体联营企业是指所有联营单位均为集体。

③国有与集体联营企业是指联营单位既有国有也有集体。

④其他联营企业是指上述三种联营企业之外的其他联营形式的企业。

（5）有限责任公司是指根据《中华人民共和国公司登记管理条例》规定登记注册，由两个以上，五十个以下的股东共同出资，每个股东以其所认缴的出资额对公司承担

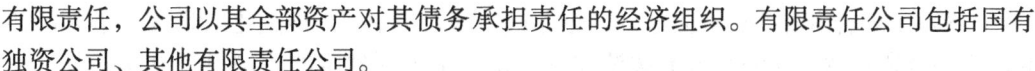

有限责任，公司以其全部资产对其债务承担责任的经济组织。有限责任公司包括国有独资公司、其他有限责任公司。

①国有独资公司是指国家授权的投资机构或者国家授权的部门单独投资设立的有限责任公司。

②其他有限责任公司是指国有独资公司以外的其他有限责任公司。

（6）股份有限公司是指根据《中华人民共和国公司登记管理条例》规定登记注册，其全部注册资本由等额股份构成并通过发行股票筹集资本，股东以其认购的股份对公司承担有限责任，公司以其全部资产对其债务承担责任的经济组织。

（7）私营企业是指由自然人投资设立或由自然人控股，以雇佣劳动为基础的营利性经济组织，包括按照《公司法》《合伙企业法》《私营企业暂行条例》《个人独资企业法》规定登记注册的私营独资企业、私营合伙企业、私营有限责任公司、私营股份有限公司和个人独资企业。

（8）私营独资企业是指按《私营企业暂行条例》的规定，由一名自然人投资经营，以雇佣劳动为基础，投资者对企业债务承担无限责任的企业。

（9）个人独资企业指按《个人独资企业法》《个人独资企业登记管理办法》的规定，由一个自然人投资，财产为投资人个人所有，投资人以其个人财产对企业债务承担无限责任的经营实体。个人独资企业填表时归入私营独资企业。

（10）私营合伙企业是指按《合伙企业法》或《私营企业暂行条例》的规定，由两个以上自然人按照协议共同投资、共同经营、共负盈亏，以雇佣劳动为基础，对债务承担无限责任的企业。

（11）私营有限责任公司是指按《公司法》《私营企业暂行条例》的规定，由两个以上自然人投资或由单个自然人控股的有限责任公司。

（12）私营股份有限公司是指按《公司法》的规定，由五个以上自然人投资，或由单个自然人控股的股份有限公司。

（13）其他企业是指上述类型之外的其他内资经济组织。

（14）与港澳台商合资经营企业指港澳台地区投资者与内地的企业依照《中华人民共和国中外合资经营企业法》及有关法律的规定，按合同规定的比例投资设立，分享利润和分担风险的企业。

（15）与港澳台商合作经营企业是指港澳台地区投资者与内地企业依照《中华人民共和国中外合作经营企业法》及有关法律的规定，依照合作合同的约定进行投资或提供条件设立，分配利润、分担风险和亏损的企业。

（16）港澳台商独资经营企业是指依照《中华人民共和国外资企业法》及有关法律的规定，在内地设立的由港澳台地区投资者在内地全额投资设立的企业。

（17）港澳台商投资股份有限公司是指根据国家有关规定，经商务部（原外经贸部）批准设立，并且其中港澳台商的股本占公司注册资本的比例达25%以上的股份有限公司。凡其中港澳台商的股本占公司注册资本的比例小于25%的，属于内资中的股份有限公司。

（18）中外合资经营企业是指外国企业或外国人与中国内地企业依照《中华人民共和国中外合资经营企业法》及有关法律的规定，按合同规定的比例投资设立，分享利润和分担风险的企业。

（19）中外合作经营企业是指外国企业或外国人与中国内地企业依照《中华人民共和国中外合作经营企业法》及有关法律的规定，依照合作合同的约定进行投资或提供条件设立，分配利润、分担风险和亏损的企业。

（20）外资企业是指依照《中华人民共和国外资企业法》及有关法律的规定，在中国内地设立的由外国投资者全额投资设立的企业。

（21）外商投资股份有限公司是指根据国家有关规定，经商务部（原外经贸部）批准设立，并且其中外资的股本占公司注册资本的比例达25%以上的股份有限公司。外资股本占公司注册资本的比例小于25%的，属于内资中的股份有限公司。

（22）机关、事业单位和社会团体及其他组织的登记注册类型，按其主要经费来源和管理方式，根据实际情况，比照《企业登记注册类型与代码》确定分为以下几种具体情况：

①各级机关［国家权力机关、国家行政机关、国家司法机关、政党机关（中国共产党、各民主党派）、军队武警、政协组织］一律填"110国有"；

②各级直属事业单位、各级机关所属事业单位，按其管理方式一律填"110国有"；

③机构编制部门管理的群众团体，按其管理方式一律填"110国有"；

④各种社团组织、民办非企业单位和基金会，若经费来源清楚，则比照《企业登记注册类型与代码》确定；若经费来源不清楚，一律填写"190其他"；

⑤社区（居委会）、村委会的登记注册类型应选填"190其他"。

指标2.15　国别（地区）名称及代码（54）

企业实收资本中含有港澳台资本或外商资本时，按资本金额所占比重最大的一个注明资金主要来源国家或地区的名称。国别（地区）代码按照《国别（地区）统计代码表》中的代码填写。

指标2.16　企业控股情况（09）

根据企业实收资本中某种经济成分的出资人的实际投资情况，或出资人对企业资产的实际控制、支配程度进行分类。具体分为国有控股、集体控股、私人控股、港澳台商控股、外商控股和其他六类。

（1）国有控股是指在企业的全部实收资本中，国有经济成分的出资人拥有的实收资本（股本）所占企业全部实收资本（股本）的比例大于50%的国有绝对控股；在企业的全部实收资本中，国有经济成分的出资人拥有的实收资本（股本）所占比例虽未大于50%，但相对大于其他任何一方经济成分的出资人所占比例的国有相对控股；或者虽不大于其他经济成分，但根据协议规定拥有企业实际控制权的国有协议控股；投资双方各占50%，且未明确由谁绝对控股的企业，若其中一方为国有经济成分的，一律按国有控股处理。

（2）集体控股是指在企业的全部实收资本中，集体经济成分的出资人拥有的实收资本（股本）所占企业全部实收资本（股本）的比例大于50%的集体绝对控股；在企业的全部实收资本中，集体经济成分的出资人拥有的实收资本（股本）所占比例虽未大于50%，但相对大于其他任何一方经济成分的出资人所占比例的集体相对控股；或者虽不大于其他经济成分，但根据协议规定拥有企业实际控制权的集体协议控股。

（3）私人控股是指在企业的全部实收资本中，私人经济成分的出资人拥有的实收资本（股本）所占企业全部实收资本（股本）的比例大于50%的私人绝对控股；在企业的全部实收资本中，私人经济成分的出资人拥有的实收资本（股本）所占比例虽未大于50%，但相对大于其他任何一方经济成分的出资人所占比例的私人相对控股；或者虽不大于其他经济成分，但根据协议规定拥有企业实际控制权的私人协议控股。

（4）港澳台商控股是指在企业的全部实收资本中，港澳台商经济成分的出资人拥有的实收资本（股本）所占企业全部实收资本（股本）的比例大于50%的港澳台商绝对控股；在企业的全部实收资本中，港澳台商经济成分的出资人拥有的实收资本（股本）所占比例虽未大于50%，但相对大于其他任何一方经济成分的出资人所占比例的港澳台商相对控股；或者虽不大于其他经济成分，但根据协议规定拥有企业实际控制权的港澳台商协议控股。

（5）外商控股是指在企业的全部实收资本中，外商经济成分的出资人拥有的实收资本（股本）所占企业全部实收资本（股本）的比例大于50%的外商绝对控股；在企业的全部实收资本中，外商经济成分的出资人拥有的实收资本（股本）所占比例虽未大于50%，但相对大于其他任何一方经济成分的出资人所占比例的外商相对控股；或者虽不大于其他经济成分，但根据协议规定拥有企业实际控制权的外商协议控股。

（6）其他，除以上五类外的企业控股情况。

在填写控股情况时，须注意以下几点：

（1）登记注册类型为"110国有""141国有联营""151国有独资公司"一般应当填报"1国有控股"；

（2）"120集体""142集体联营"一般应当填报"2集体控股"；

（3）登记注册类型为"171私营独资""172私营合伙""173私营有限责任公司""174私营股份有限公司"一般应当填报"3私人控股"；

（4）登记注册类型为"230港澳台商独资"一般应当填报"4港澳台商控股"；

（5）登记注册类型为"330外资企业"一般应当填报"5外商控股"。

指标2.17　隶属关系（10）

隶属关系指本单位隶属于哪一级行政管理单位，分为：中央、市、区（县）、街道、镇、乡、社区居委会、村委会和其他。

在填写隶属关系时，须注意以下几点：

（1）中央与地方双重领导的单位，以领导为主的一方来划分中央属或地方属。

（2）各级政府（中央、市、区、县、乡、镇）、党委、人大、政协等机关的隶属关系填写本级。

（3）隶属于"中央"的单位兴办的集体企业，隶属关系填"其他"；市属以下的企业（单位）办的企业（单位），其隶属关系与企业（单位）本身的隶属关系一致。

（4）无主管部门的单位、外省在我市的办事机构所开办的在京法人单位，隶属关系填"其他"。

指标 2.18　企业营业状态（12）

企业营业状态指企业的生产经营状态。

（1）营业是指全年正常开业的企业和季节性生产开工三个月以上的企业，包括部分投产的新建企业。临时性停产和季节性停产的企业视为营业。

（2）停业（歇业）是指由于某种原因已处于停产状态，待条件改变后将恢复生产经营的企业。

（3）筹建，一般指企业未经工商部门登记开业，正在进行生产经营前的筹建工作，如研究和论证建设、投产或经营方案，办理征地拆迁，订购设备材料，进行基建等。有些三资企业虽经工商部门登记，但未正常投产开业，仍属于筹建。有些行业的企业，由于行业管理或其他政策性管理的需要必须经过一定时间的试营业才能正式开业，这些处于试营业状态的单位也属于筹建。

（4）当年关闭是指当年因某种原因终止经营的企业，包括关闭、注销、吊销的企业，但不包括破产企业。

（5）当年破产是指当年依照《破产法》或相关法律、法规宣布破产的企业。

（6）其他是指上述以外的其他企业。

指标 2.19　开业（成立）时间（11）

（1）新中国成立前成立的单位填写最早开工或成立的年月。

（2）新中国成立后成立的单位填写领取营业执照或批准成立的时间（如开业年月早于领取营业执照的时间，填写最早开业年月）。

（3）机关、事业单位的成立时间分三种情况：新设立的单位成立时间填新设立时间；恢复设立的单位（指中间因某种原因停顿，后又恢复的单位）成立时间填以前设立的时间；机构改革中，有些单位虽然名称有变化，但其基本职能未变，成立时间填写最早成立时间。

（4）乡镇、街道、社区居委会、村委会，如管辖区域基本未改变，其成立时间按原成立时间填写；否则，按新成立时间填写。

（5）企业改制，只涉及企业类型或经济性质变更，不影响开业时间，因此改制企业的开业时间按原成立时间填写。

（6）企业分立、合并分两种情况：一种是因合并或分立而新设的企业，其开业时间按工商部门重新登记的开业时间填写；另一种是合并或分立后继续存在的企业，因在工商部门办理变更登记，不影响其开业时间，填写原企业开业时间。

（7）与外方或港、澳、台合资的企业，按领取合资企业营业执照的时间填写。

指标 2.20　产业活动单位个数（16）

（1）单产业法人单位本项填"1"。

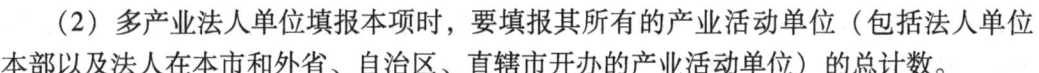

（2）多产业法人单位填报本项时，要填报其所有的产业活动单位（包括法人单位本部以及法人在本市和外省、自治区、直辖市开办的产业活动单位）的总计数。

指标2.21 期末从业人员（17）

期末从业人员指在本单位工作并取得劳动报酬或收入的期末实有人员数。期末从业人员包括在各单位工作的外方人员和港澳台方人员、兼职人员、再就业的离退休人员、借用的外单位人员和第二职业者，但不包括离开本单位仍保留劳动关系的职工。

指标2.22 企业主要经济指标（18）

（1）营业收入。营业收入是指企业（单位）全年生产经营活动中通过销售商品或提供劳务以及让渡资产取得的收入。

营业收入合计分为主营业务收入和其他业务收入。企业（单位）填列营业收入指标时，一般根据企业会计"利润表"中的"主营业务收入"的本年累计数与"其他业务收入"的本年累计数之和填列。

（2）主营业务收入。主营业务收入是指企业（单位）在销售商品、提供劳务等日常活动中所产生的收入总额。此项目应根据相关行业的"产品销售收入""商品销售收入""主营业务收入""营业收入""经营收入""工程结算收入"等科目发生额填列。执行2006年《企业会计准则》的企业，如果未设置该科目，则以营业收入发生额代替填列。

（3）资产总计。见统计台账指标解析的1.32。

指标2.23 非企业单位主要经济指标（27）

（1）收入合计。行政、事业单位收入合计是指从各种渠道获得的行政事业性收入的总额，包括财政拨款、行政单位预算外资金、上级补助收入、事业收入、事业单位经营收入、附属单位上缴收入和其他收入，不包括行政事业性收入之外在发改委立项的基本建设性收入。根据行政事业类收入表中"收入合计"项本年累计数填列。民间非营利组织收入合计指从各种渠道获得的收入，包括捐赠收入、会费收入、提供服务收入、商品销售收入、政府补助收入、投资收益和其他收入。根据会计"业务活动表"中"收入合计"项本年累计数填列。

（2）支出合计。行政、事业单位支出合计是指业务活动中发生的各项资产耗费和损失等支出情况，包括基本支出、项目支出（包括行政事业性项目支出、基本建设项目支出和其他项目支出）、上缴上级支出、事业单位经营支出、对附属单位补助支出、结转自筹基建和其他支出，不包括行政事业性支出之外在发改委立项的基本建设性支出。根据行政事业单位收入支出决算表中的"本年支出合计"项目累计数填列。民间非营利组织支出合计指为完成各种目标所发生的费用，包括业务活动成本、管理费用、筹资费用和其他费用。根据会计"业务活动表"中"费用合计"科目的发生额填列。

（3）资产合计。行政、事业单位资产合计是指拥有或控制的能以货币计量的经济资源，包括各种财产、债权和其他权利。根据行政事业类"资产负债表"中"资产合计"项期末数填列。民间非营利组织资产合计是指过去的交易或者事项形成并由民间非营利组织拥有或者控制的资源，该资源预期会给民间非营利组织带来经济利益或者服务潜力，包括流动资产、长期投资、固定资产、无形资产和受托代理资产等。根据会计"资产负债表"中"资产总计"项期末数填列。

指标 2.24　企业集团情况（20）

企业集团是指以资本为主要联结纽带的母子公司为主体，以集团章程为共同行为规范的母公司、子公司、参股公司及其他成员企业或机构共同组成的具有一定规模的企业联合体。企业集团不具有企业法人资格。母公司应当是依法登记注册，取得企业法人资格的控股企业；子公司应当是母公司对其拥有全部股权或者控制权的企业法人。

企业集团包括：一是中央管理的企业集团；二是由国务院批准的国家试点企业集团；三是由国务院主管部门批准的企业集团；四是由省、自治区、直辖市人民政府批准的企业集团；五是企业集团的母公司注册资本在 5 000 万元人民币以上，并至少拥有 5 家子公司，母公司和其子公司的注册资本总和在 1 亿元人民币以上。上述五类企业集团的统计调查单位是以母子公司为整体的企业集团，即包括企业集团的母公司、在中国境内和境外的全资子公司（单位）、绝对控股子公司（单位）和相对控股子公司（单位），不包括参股和协作企业（单位）。上述企业集团中交叉重复的以母公司为主填报。

指标 2.25　企业资质等级（21）

企业资质是根据企业的人员素质、管理水平、资金数量、承包能力和建设业绩进行综合评价划分的等级。

（1）建筑业企业资质等级。有《建筑业企业资质证书》的建筑业资质企业按照证书填写；没有《建筑业企业资质证书》的资质企业填"9999"。凡依据建设部《建筑业企业资质管理规定》（中华人民共和国建设部令 2001 年第 87 号）及《建筑业企业资质等级标准》（建建〔2001〕82 号），已经领取《建筑业企业资质证书》的企业，按其证书编号的前 4 位代码填写。第一位是序列代码，代表企业主项资质的资质序列，其编码规则为：A 施工总承包、B 专业承包、C 劳务分包；第二位为级别代码，代表企业主项资质的等级，其编码规则为：0 特级、1 一级、2 二级、3 三级；第三、四位是专业代码，代表企业主项资质的类别，其编码规则按施工总承包、专业承包、劳务分包三个序列划分。注意，如有企业资质中级别代码为"不分等级"，则以"9"表示不分等级的代码。

（2）房地产开发经营资质等级。依据《房地产开发企业资质等级管理规定》（中华人民共和国建设部令 2000 年第 77 号）填写，划分为一级、二级、三级、四级、暂定，其中尚未评定资质等级的企业填"5 暂定"，没有级别的填写"9 其他"。

（3）物业管理企业资质等级。依据《物业服务企业资质管理办法》（中华人民共和国建设部令 2007 年第 164 号），划分为一级、二级、三级，没有级别的填写"9 其他"。

指标 2.26　住宿业企业星级评定情况（22）

住宿业企业星级评定情况指符合《中华人民共和国星级酒店评定标准》（GB/T14308—2003），并经过有关旅游管理权威部门评定（验收）后授予"星级"称号的宾馆、饭店等住宿设施的等级划分；没有星级等级的填写"9 其他"。

指标 2.27 经营形式 (26)

(1) 独立门店是以相对独立的店铺形式，单独组织批发和零售业或住宿和餐饮业或居民服务业等经营活动的单位。

(2) 连锁经营是指经营同类商品或服务，使用统一商号的若干店铺，在同一总店 (总部) 的管理下，采取统一采购或特许经营等方式，实现规模效益的组织形式。其经营形式包括:

①连锁总店 (总部)，是负责连锁单位资源 (如商号、商誉、经营模式、服务标准、管理模式等) 的开发、配置、控制或使用等功能的单位核心管理机构。

②连锁门店，是在连锁单位经营管理的基础上，按照总店 (总部) 的指示和服务规范要求，承担日常销售业务的店铺，包括直营店和加盟店。直营店是指由连锁单位总部投资开设，按连锁经营管理模式，由总部统一管理的店铺。加盟店是指在特许连锁中，被特许人获得特许人授权后，使用其商标、商号、经营模式、专利和专有技术等经营资源建立的店铺，也包括自愿连锁的成员店。

(3) 其他方式，是指不属于上述经营形式的单位。

指标 2.28 零售、餐饮业态和营业面积 (57)

(1) 零售业态，是指零售业单位为满足不同的消费需求进行相应的要素组合而形成的不同经营形态。零售业态按零售店铺的结构特点，根据其经营方式、商品结构、服务功能，以及选址、商圈、规模、店堂设施、目标顾客和有无固定营业场所进行分类。零售业态从总体上可以分为有店铺零售业态和无店铺零售业态两类。按照零售业态分类原则分为食杂店、便利店、折扣店、超市、大型超市、仓储会员店、百货店、专业店、加油站、专卖店、家居建材商店、购物中心、厂家直销中心、电视购物、邮购、网上商店、自动售货亭、电话购物等 18 种零售业态。

①有店铺零售，是指有固定的进行商品陈列和销售所需要的场所和空间，并且消费者的购买行为主要在这一场所内完成的零售业态。

食杂店位于居民区内或传统商业区内；辐射半径 0.3 千米，目标顾客以相对固定的居民为主；营业面积一般在 100 平方米以内；以香烟、饮料、酒、休闲食品为主；以柜台式和自选式相结合的方式进行商品销售；营业时间一般在 12 个小时以上；不设立或者只设立初级信息管理系统。

便利店位于商业中心区、交通要道以及车站、医院、学校、娱乐场所、办公楼、加油站等公共活动区；商圈范围小，顾客步行 5 分钟内到达，目标顾客主要为单身者、年轻人，顾客多为有目的的购买；营业面积一般在 100 平方米左右，利用率高；以即时食品、日用小百货为主，有即时消费性、小容量、应急性等特点，商品品种在 3 000 种左右，售价一般高于市场平均水平；商品销售方式以开架自选为主，结算在收银处统一进行；营业时间一般在 16 小时以上，提供即时性食品的辅助设施，开设多项服务项目；信息管理系统程度较高。

折扣店位于居民区、交通要道等租金相对便宜的地区；辐射半径 2 千米左右，目标顾客主要为商圈内的居民；自有品牌占有较大的比例，商品平均价格低于市场平均水平；以开架自选方式进行商品销售，并统一结算；用工精简，为顾客提供有限的服务；信息管理系统程度一般。

超市位于市、区商业中心、居住区；辐射半径2千米左右，目标顾客以居民为主；营业面积在6 000平方米以下；经营包装食品、生鲜食品和日用品，食品超市与综合超市商品结构有所不同；采用自选销售，出入口分设，在收银台统一结算；营业时间一般在12小时以上；信息管理系统程度较高。

大型超市位于市、区商业中心、城郊结合部、交通要道及大型居住区；辐射半径2千米以上，目标顾客以居民、流动顾客为主；实际营业面积在6 000平方米以上；以大众化衣、食、日用品为主，品种齐全，注重自有品牌开发；采用自选销售方式，出入口分设，在收银台统一结算；一般设不低于营业面积40%的停车场；信息管理系统程度较高。

仓储会员店位于城乡结合部的交通要道；辐射半径5千米以上，目标顾客以中小零售店、餐饮店、集团购买和流动顾客为主；营业面积一般在6 000平方米以上；以大众化衣、食、日用品为主，自有品牌占相当部分，商品在4 000种左右，实行低价、批量销售；采用自选销售，出入口分设，在收银台统一结算；设相当于营业面积的停车场；信息管理系统程度较高并对顾客实行会员制管理。

百货店位于市、区级商业中心、历史形成的商业集聚地；目标顾客以追求时尚和品味的流动顾客为主；营业面积一般在6 000平方米以上；综合性商品结构，门类齐全，以服饰、鞋类、箱包、化妆品、家庭用品、家用电器为主；采取柜台销售和开架面售相结合方式进行商品销售；注重服务，设餐饮、娱乐等服务项目和设施；信息管理系统程度较高。

专业店位于市、区级商业中心以及百货店、购物中心内；目标顾客以有目的选购某类商品的流动顾客为主；营业面积根据商品特点而定；以销售某类商品为主，体现专业性、深度性、品种丰富，选择余地大；采取柜台销售或开架面售方式进行商品销售；从业人员具有丰富的专业知识；信息管理系统程度较高。

加油站是具有储油设施并使用加油机，为机动车辆、油箱加注汽油、柴油的专业场所。

专卖店一般位于市、区级商业中心、专业街以及百货店、购物中心内；目标顾客以中高档消费者和追求时尚的年轻人为主；以销售某一品牌系列商品为主，具有销售量少、质优、高毛利等特点；采取柜台销售或开架面售方式进行商品销售，商店陈列、照明、包装、广告讲究；注重品牌声誉，从业人员具备丰富的专业知识，提供专业性服务；信息管理系统程度一般。

家居建材商店位于城乡结合部、交通要道或消费者自有房产比较高的地区；目标顾客以拥有自有房产的顾客为主；营业面积一般在6 000平方米以上；经营商品以改善、建设家庭居住环境有关的装饰、装修等用品、日用杂品、技术及服务为主；采取开架自选方式销售商品；提供一站式购足和一条龙服务，停车位一般在300个以上；信息管理系统程度较高。

购物中心是指多种零售店铺、服务设施集中在由企业有计划地开发、管理、运营的一个建筑物内或一个区域内，向消费者提供综合性服务的商业集合体。商圈半径为5千米以上，建筑面积一般在5万平方米以上，一般拥有20个以上租赁店，包括大型综合超市、专业店、专卖店、饮食服务及其他店等，各个租赁店独立开展经营活动，设有300个以上停车位，各个租赁店使用各自的信息系统。

厂家直销中心一般远离市区；目标顾客多为重视品牌的有目的购买者；单个建筑面积在100～200平方米；品牌商品生产商直接设立，商品均为本企业的品牌；采用自选式售货方式进行商品销售；各个租赁店使用各自的信息管理系统。

②无店铺零售，是指不通过店铺销售，由厂家或商家直接将商品递送给消费者的零售业态。主要包括电视购物、邮购、网上商店、自动售货亭、电话购物等。

电视购物，目标顾客以电视观众为主；以电视作为向消费者进行商品宣传展示的渠道；送货到指定地点或自提。

邮购，目标顾客以地理上相隔较远的消费者为主；以邮寄商品目录为主要向消费者进行商品宣传展示的渠道，并取得订单；送货到指定地点。

网上商店，目标顾客为有上网能力，追求快捷性的消费者；通过互联网络进行买卖活动；送货到指定地点。

自动售货亭，目标顾客以流动顾客为主；商品以香烟和碳酸饮料为主，品种在30种以内；由自动售货机器完成售卖活动。

电话购物，主要通过电话完成销售或购买活动；送货到指定地点或自提。

（2）餐饮业态：

中式正餐是指提供各种中式炒菜和主食，并由服务员送餐上桌的餐饮服务，包括各种风味中式正餐。

中式快餐是指提供中式饭菜，服务员不送餐上桌，由顾客自己领取食物的一种快捷、方便的餐饮服务活动。包括各种风味中式快餐。

外国风味正餐是指提供各种外国风味的炒菜和主食，并由服务员送餐上桌的餐饮服务。包括各种外国风味正餐。

外国风味快餐是指提供外国风味食品，服务员不送餐上桌，由顾客自己领取食物的一种快捷、方便的餐饮服务活动。包括各种外国风味的快餐。

茶馆以现场提供现场消费茶饮料为主，兼卖各式点心和小食品。包括各种茶艺馆、茶楼、茶铺。

咖啡店以现场制作现场消费咖啡饮料为主，兼卖各式点心和小食品。包括各种咖啡馆、咖啡厅、咖啡屋等。

酒吧以出售各种酒及酒精饮料为主，兼卖各式点心和小食品。

其他是指上述未包括的餐饮服务形式。

（3）营业面积：

期末零售营业面积是指批发和零售业单位用于零售的对外营业的门店建筑面积，不包括其办公用房、仓库和加工场地。该指标按期末实有建筑面积统计。

期末餐饮营业面积是指住宿和餐饮业单位对外提供就餐服务的门店建筑面积和从事食品加工、烹饪、调制的厨房面积，不包括办公用房和仓库等面积。该指标按期末实有面积统计。

指标2.29　工业企业生产经营用占地面积（59）

工业企业生产经营用占地面积指报告期末直接服务于单位生产经营活动的占地面积，包括生产经营用、原材料、设备、产品堆积场的占地面积。不包括办公用的建筑物、销售机构、宿舍、食堂、浴室等生活设施的占地面积。

指标2.30　统计管理部门名称（60）

统计管理部门代码为12位，前4位按《统计管理部门名称及代码》填报，后8位代码为各区县和直报单位自定码段，无自定码的补"0"。

指标2.31　单位规模（61）

根据国家统计局《统计上大中小型企业划分办法（暂行）》（国统字〔2003〕17号）和国务院国有资产监督管理委员会《关于在财务统计工作中执行新的企业规模划分标准的通知》（国资厅评价函〔2003〕327号）规定，按单位从业人员数、销售额和资产总额（金融业为净资产总额）将单位划分为大型、中型和小型。单位规模根据统计年报数据每年划分一次，调查单位免填，单位规模一经确定，年度内不进行调整。

指标2.32　总部情况（63）

具体包括以下四种类型：①在京外地区拥有一家及以上法人单位的企业集团母公司；②各类金融机构在京注册的总部、地区总部；③商务部或北京市商务局认定的跨国公司地区总部；④在京外地区拥有一个及以上产业活动单位的法人单位，且年营业收入和年末资产总计均在1亿元及以上。

指标2.33　上市公司情况（64）

（1）是否上市公司，上市公司指经国家证监会或境外相关部门批准后，公开发行的股票在市场上流通的企业。

（2）上市年度是指经国家证监会或境外相关部门批准后股票在市场上流通的起始年份。

（3）上市地点是指上市公司公开发行的股票在何交易市场挂牌交易。

指标2.34　注册文化创意产业集聚区（65）

文化创意产业集聚区是指集聚一定数量的文化创意企业，具备一定的产业规模和自主创意研发能力，具有专门的服务机构和公共服务平台，能够提供相应的基础设施保障和公共服务的区域。入区单位以在各集聚区管理机构登记为准。按《文化创意产业集聚区名称及代码》填写。

指标2.35　金融功能区（66）

金融功能区指北京市金融业空间布局规划中，金融机构聚集的区域。按《金融功能区名称及代码》填写。

指标2.36　区县特色功能区（67）

区县特色功能区指各区县具有特色的区县级功能区。按《区县特色功能区名称及代码》填写。

指标2.37　旅游区（点）等级情况（68）

旅游区（点）等级是指依据中华人民共和国国家标准《旅游景区质量等级的划分与评定》（GB/T17775—2003）及国家旅游局颁布的有关细则评定出的景区级别。等级以英文字母A为符号来表示，划分为：A、2A、3A、4A、5A、非A六个等级。

指标2.38　旅行社分类、等级情况（69）

（1）旅行社分类情况。旅行社指依照国务院《旅行社管理条例》规定成立，有营利目的、从事旅游业务的企业。旅游业务包括向顾客提供咨询、旅游计划和建议、日程安排、食宿和交通等服务，还包括导游活动。

旅行社按照经营业务范围，分为国际旅行社和国内旅行社。国际旅行社的经营范围包括入境旅游业务、出境旅游业务和国内旅游业务。国内旅行社的经营范围仅限于国内旅游业务。

（2）旅行社等级情况。旅行社的等级划分以旅行社的基本条件、经营业绩、营业条件、服务项目、管理机制、商业信用和社会声誉为依据，经旅游主管部门批准认定。目前旅游主管部门仅批准认定5A级旅行社。

指标2.39　非公经济情况（71）

非公经济情况指资产由我国私人控股、港澳台商控股、外商控股的"非公有控股"经济成分的企业法人单位，主要经费来源于私人、港澳台资和外资的非企业法人单位和个体工商户。其中，私人、港澳台及外商控股经济是指由其绝对控股和相对控股的经济成分。

2. 表格格式

法人单位基本情况表（101表），见附表1-6。

（二）产销存报表编制

1. 指标解析

指标2.40　工业总产值（当年价格）（01）

见统计台账指标解析的1.1指标。

指标2.41　新产品产值（02）

见统计台账指标解析的1.2指标。

指标2.42　工业销售产值（当年价格）（03）

见统计台账指标解析的1.3指标。

指标2.43　出口交货值（04）

见统计台账指标解析的1.4指标。

指标2.44　企业用电量

见统计台账指标解析的1.5指标。

指标2.45　生产量

见统计台账指标解析的1.6指标。

指标2.46　销售量

见统计台账指标解析的1.7指标。

指标 2.47　年初、期末库存量

见统计台账指标解析的 1.8 指标。

指标 2.48　企业累计自用量及其他

见统计台账指标解析的 1.9 指标。

指标 2.49　期末剩余订货量

见统计台账指标解析的 1.10 指标。

指标 2.50　期末剩余订货额

见统计台账指标解析的 1.11 指标。

指标 2.51　生产能力

企业分别填报年初生产能力和年末生产能力。生产能力一般指产品的综合生产能力，但也有些产品指其主要设备的能力。在填报时分为两种情况：

（1）产品生产能力：指在一个企业范围内生产某种产品的综合平衡能力，是生产某种产品的全部设备（包括主要生产设备、辅助生产设备、起重运输设备、动力设备及有关的厂房和生产用建筑物等）在原材料、燃料动力供应充分，劳动力配备合理，设备正常运转的条件下，可能达到的年生产量。企业在具体填报时，可以区分以下三种情况：第一种是原有设计能力未经重大技术改造的用设计能力填报；经过技术改造后，有技术改造后设计能力的，填报技术改造后的设计能力。第二种是原有设计能力已不能反映实际情况，有核定能力的，按核定能力填报。第三种是既没有设计能力也没有核定能力，或原设计能力（或核定能力）已与实际生产水平相差很大，按查定能力填报。

（2）设备能力：指某种设备的单位时间内可能生产的产品数量，也就是说，某种设备在单位时间内的工作量，即一般所称的设备效率，或设备生产率，它不考虑与其他设备的平衡问题。

企业在具体填报时，还要注意以下几点：

（1）以生产能力表的产品为基准填报。

（2）停产企业要继续填报生产能力。

（3）破产企业不需填报生产能力。

2. 报表格式

（1）工业企业生产、销售总值（B202 表），见附表 1 - 7。

（2）主要工业产品生产、销售、库存、订货（B202 - 1 表），见附表 1 - 8。

（三）财务状况报表编制

1. 指标解析

指标 2.52　年初存货（011）

见统计台账指标解析的 1.12 指标。

指标 2.53　流动资产合计（012）

见统计台账指标解析的 1.13 指标。

指标 2.54　现金及银行存款（337）

见统计台账指标解析的 1.14 指标。

指标2.55　现金（213）

见统计台账指标解析的1.15指标。

指标2.56　短期投资（013）

见统计台账指标解析的1.16指标。

指标2.57　应收账款（净额）（014）

见统计台账指标解析的1.17指标。

指标2.58　存货、年末存货（015）

见统计台账指标解析的1.18指标。

指标2.59　产成品（016）

见统计台账指标解析的1.19指标。

指标2.60　内部往来资产（317）

内部往来是指总部与分支机构之间的往来交易，是企业与内部所属各个独立核算的单位之间，或各内部独立核算单位彼此之间，由于工程价款结算、产品、作业和材料销售、提供劳务等作业所发生的各种应收、应付、暂付、暂收的往来款项。内部的往来资产一般都放在其他应收款、其他应付款当中核算。内部往来资产指企业内部往来的各项资产。根据会计"资产负债表"中的"其他应收款"的期末数分析填列。

指标2.61　流动资产平均余额（017）

见统计台账指标解析的1.20指标。

指标2.62　长期投资合计（018）

见统计台账指标解析的1.21指标。

指标2.63　长期股权投资（217）

见统计台账指标解析的1.22指标。

指标2.64　长期债权投资（218）

见统计台账指标解析的1.23指标。

指标2.65　固定资产合计（019）

见统计台账指标解析的1.24指标。

指标2.66　固定资产原价（020）

见统计台账指标解析的1.25指标。

指标2.67　生产经营用固定资产（021）

见统计台账指标解析的1.26指标。

指标2.68　累计折旧（022）

见统计台账指标解析的1.27指标。

指标2.69　在建工程（024）

见统计台账指标解析的1.29指标。

指标2.70　固定资产净值（485）

见统计台账指标解析的1.30指标。

指标2.71　无形资产（026）

见统计台账指标解析的1.31指标。

指标2.72　资产总计（029）

见统计台账指标解析的1.32指标。

指标2.73　流动负债合计（030）

见统计台账指标解析的1.33指标。

指标2.74　应付账款（031）

见统计台账指标解析的1.34指标。

指标2.75　内部往来负债（316）

内部往来是指总部与分支机构之间的往来交易，是企业与内部所属各个独立核算的单位之间，或各内部独立核算单位彼此之间，由于工程价款结算、产品、作业和材料销售、提供劳务等作业所发生的各种应收、应付、暂付、暂收的往来款项。内部的往来负责一般都放在其他应收款、其他应付款当中核算。内部往来负债指企业内部往来的各项负债。根据会计"资产负债表"中"其他应付款"的期末数分析填列。

指标2.76　长期负债合计（032）

见统计台账指标解析的1.35指标。

指标2.77　应付债券（235）

见统计台账指标解析的1.36指标。

指标2.78　负债合计（033）

见统计台账指标解析的1.37指标。

指标2.79　所有者权益合计（034）

见统计台账指标解析的1.38指标。

指标2.80　实收资本（035）

见统计台账指标解析的1.39指标。

指标2.81　国家资本（036）

见统计台账指标解析的1.40指标。

指标2.82　集体资本（037）

见统计台账指标解析的1.41指标。

指标2.83　法人资本（038）

见统计台账指标解析的1.42指标。

指标2.84　国有法人资本（450）

见统计台账指标解析的1.43指标。

指标2.85　个人资本（039）

见统计台账指标解析的1.44指标。

指标2.86　港澳台资本（040）

见统计台账指标解析的1.45指标。

指标2.87 外商资本（041）

见统计台账指标解析的1.46指标。

指标2.88 营业收入（490）

见统计台账指标解析的1.47指标。

指标2.89 主营业务收入（043）

见统计台账指标解析的1.48指标。

指标2.90 直接出口产品销售收入（239）

见统计台账指标解析的1.49指标。

指标2.91 营业成本（134）

见统计台账指标解析的1.50指标。

指标2.92 主营业务成本（048）

见统计台账指标解析的1.51指标。

指标2.93 营业税金及附加（497）

见统计台账指标解析的1.52指标。

指标2.94 主营业务税金及附加（050）

见统计台账指标解析的1.53指标。

指标2.95 主营业务利润（051）

见统计台账指标解析的1.54指标。

指标2.96 其他业务收入（052）

见统计台账指标解析的1.55指标。

指标2.97 其他业务利润（053）

见统计台账指标解析的1.56指标。

指标2.98 营业费用（049）

见统计台账指标解析的1.57指标。

指标2.99 管理费用（054）

见统计台账指标解析的1.58指标。

指标2.100 税金（055）

见统计台账指标解析的1.59指标。

指标2.101 财务费用（062）

见统计台账指标解析的1.63指标。

指标2.102 利息收入（202）

见统计台账指标解析的1.64指标。

指标2.103 利息支出（201）

见统计台账指标解析的1.65指标。

指标2.104 营业利润（064）

见统计台账指标解析的1.66指标。

指标2.105　投资收益（065）

见统计台账指标解析的1.67指标。

指标2.106　股权投资收益（460）

见统计台账指标解析的1.68指标。

指标2.107　补贴收入（066）

见统计台账指标解析的1.69指标。

指标2.108　营业外收入（067）

见统计台账指标解析的1.70指标。

指标2.109　营业外支出（068）

见统计台账指标解析的1.71指标。

指标2.110　利润总额（069）

见统计台账指标解析的1.72指标。

指标2.111　应交所得税（070）

见统计台账指标解析的1.73指标。

指标2.112　应付工资总额（贷方累计发生额）（076）

见统计台账指标解析的1.74指标。

指标2.113　职工福利费（078）

企业在报告期内根据国家有关规定开支的各项福利费用。根据企业成本、费用明细表中"职工福利费"项本期累计发生额填报。

指标2.114　应交增值税（080）

见统计台账指标解析的1.78指标。

指标2.115　进项税额（081）

见统计台账指标解析的1.79指标。

指标2.116　销项税额（082）

见统计台账指标解析的1.80指标。

指标2.117　广告费（072）

见统计台账指标解析的1.81指标。

指标2.118　社会保险费（094）

见统计台账指标解析的1.82指标。

指标2.119　住房公积金及住房补贴（075）

见统计台账指标解析的1.88指标。

指标2.120　固定资产折旧（023）

固定资产折旧指对固定资产由于磨损和损耗而转移到产品中去的那部分价值的补偿。一般根据固定资产原价（选用双倍余额递减法计提折旧的企业，为固定资产账面净值）和确定的折旧率计算。根据企业成本、费用明细表中"固定资产折旧"或"折旧"项本期累计发生额填列。

指标 2.121　从业人员平均人数（340）

见统计台账指标解析的 1.89 指标。

指标 2.122　工业中间投入合计（083）

见统计台账指标解析的 1.98 指标。

指标 2.123　代扣代缴个人所得税（095）

见统计台账指标解析的 1.90 指标。

指标 2.124　应付利润（071）

见统计台账指标解析的 1.91 指标。

指标 2.125　资产减值损失（332）

见统计台账指标解析的 1.92 指标。

指标 2.126　公允价值变动收益（466）

见统计台账指标解析的 1.93 指标。

指标 2.127　境内股市本年筹资额（473）

企业本年累计通过上海、深圳股票市场募集的资金。

指标 2.128　境外股市本年筹资额（475）

企业本年累计通过上海、深圳以外的股票市场募集的资金。

2. 报表格式

工业财务状况（B203 表），见附表 1-9。

（四）工业成本费用报表编制

1. 指标解析

指标 2.129　制造成本（001）

制造成本指企业在生产过程中实际消耗的直接材料、直接人工、其他直接费用和制造费用。

指标 2.130　直接材料消耗（002）

直接材料消耗指企业在生产产品过程中所消耗的、直接用于产品生产并构成产品实体的原料及主要原材料、燃料和动力、包装物、外购半成品、修理用备件（备品配件）和其他直接材料。

直接材料消耗价值量按不含进项税的购进价格计算。购进价格由下列各项组成：买价；运杂费（包括运输费、装卸费、保险费、包装费、仓储费等）；运输途中的合理损耗；入库前的整理挑选费用（包括整理挑选中发生工、费支出和必要的损耗，并扣除回收的下脚废料价值）；购入材料负担的税金（进项税以外的其他应负担的税金），外汇价差和其他费用。

指标 2.131　直接人工（003）

直接人工指企业在生产产品过程中，直接从事产品生产的工人工资、奖金、津贴和补贴，以及按生产工人工资总额和规定的比例计算提取的职工福利费。

指标 2.132　其他直接费用（004）

其他直接费用指企业发生的除直接材料费用和直接人工以外的，与生产产品有直接关系的费用。

指标2.133 其他直接费用中支付给个人和上交给政府部分（005）

本项指企业发生的其他直接费用中支付给个人的各种补贴和上交给政府管理部门的各项费用。

指标2.134 制造费用（006）

制造费用指企业各生产车间（或分厂，下同）为生产产品和提供劳务而发生的各项间接费用，包括生产车间管理人员的工资和福利费、折旧费、维修费、办公费、机物料消耗、劳动保护费、季节性和修理期间的停工损失等，但不包括企业行政管理部门为组织和管理生产经营活动而发生的管理费用。

指标2.135 生产单位管理人员工资（007）

本项指生产车间管理人员的工资。

指标2.136 生产单位管理人员福利费（008）

本项指为生产车间管理人员提取（或支付）的福利费。

指标2.137 折旧费（009）

折旧费指生产车间根据应计提折旧的固定资产原值和规定折旧率计提的资产折旧费。包括生产车间的厂房、建筑物、管理用房屋和设备的折旧费。

指标2.138 修理费（010）

修理费指生产车间为修理房屋、固定资产和低值易耗品等资产所支付的费用。

指标2.139 经营租赁费（011）

经营租赁费指生产车间租用办公用房、生产用房、机械设备、低值易耗品等所支付的租赁费用和土地租赁费用。

指标2.140 保险费（012）

保险费指生产车间当年支付的房屋、设备等财产的保险费。

指标2.141 取暖费（013）

取暖费指生产车间当年支付的取暖费。

指标2.142 运输费（014）

运输费指生产车间在生产或销售产品过程中进行运输活动所支付的费用。

指标2.143 劳动保护费（015）

劳动保护费指生产车间为职工配备的工作服、手套、安全保护用品、防暑降温用品等所发生的支出和高温、高空、有害工作津贴，洗理费等。

指标2.144 劳动保护费中保健补贴、洗理费（016）

此项指劳动保护费中所有支付给职工个人的各种保健补贴和洗理费。

指标2.145 工具摊销（017）

此项指生产工具摊销和车间管理用品摊销。

指标2.146 设计制图费（018）

此项指生产车间当年支付的设计制图费。

指标2.147 研发、试验检验费（019）

此项指生产车间当年支付的用于研发、试验检验的费用。

指标2.148 水电费（020）

水电费指生产车间支付的用于外购的水费和电费。

指标2.149 水电费中上缴的各项税费（021）

本项指企业的水电费中包含的代政府部门征收的各种税费，具体包括水费中的污水处理费，电费中的三峡基金、农网还贷、水库移民资金等。

指标2.150 机物料消耗（022）

本项指生产车间实际发生的机物料消耗。

指标2.151 差旅费（023）

本项指生产车间支付的差旅费，包括市内公出的交通费和外地出差的差旅费。

指标2.152 办公费（024）

办公费指生产车间发生的各项办公经费支出。

指标2.153 劳务费（025）

劳务费指生产车间支付给雇佣的临时生产人员的，而且没有包括在直接人工中的劳务费用，如果这部分劳务费用已经包括在直接人工中，则此项免填。

指标2.154 通信费（026）

通信费指生产车间用于通信方面的费用，包括固定电话、移动电话、微机联网等的费用。

指标2.155 外部加工费（027）

外部加工费指企业委托外单位（企业）加工支付的加工费。

指标2.156 社保费（028）

社保费指生产车间为本单位人员缴纳的各项社会保险费用的总计数，包括养老保险、医疗保险、失（待）业保险、劳动保险、工伤保险、生育保险、企业为个人支付的商业保险等。

指标2.157 其他制造费用（029）

其他制造费用指企业在报告期发生的除上述制造费用以外的所有制造费用。该指标与企业会计账目中的"其他制造费用"项的数据不同，因为它不仅包括企业会计账目中的"其他制造费用"项，还包括企业制造费用中核算了的、但本表中未列出的制造费用项目。即本表的"其他制造费用"是企业会计账目中的"制造费用"扣除本表已列出的各项制造费用之后的差额。

指标2.158 其他制造费用中支付给个人和上交给政府部分（030）

此项指其他制造费用中支付给个人的各种补贴和上交给政府管理部门的各项费用。

指标2.159 运输费（032）

此项指企业在销售产品过程中进行运输活动所支付的费用。

指标2.160 装卸费（033）

装卸费指企业在销售自销产品时所应负担的装卸费。

指标 2.161　包装费（034）

包装费指企业在销售自销产品时所应负担的包装费。

指标 2.162　保险费（035）

保险费指企业列支在营业费用中的保险费，既包括销售部门的房屋、设备等财产的保险费，也包括为销售货物投保的保险费。

指标 2.163　仓库保管费（036）

仓库保管费指企业在销售自销产品时所应负担的仓库保管费用。

指标 2.164　委托代销手续费（037）

委托代销手续费指企业委托其他单位代销，按代销合同规定支付的委托代销手续费。

指标 2.165　广告费、展览费、宣传费（038）

此项指为销售本企业产品所支付的广告费，参加展览、展销会所支付的费用和进行各种宣传所支付的费用。

指标 2.166　业务费（039）

业务费指企业按销售收入的比例给销售人员的提成费。

指标 2.167　经营租赁费（040）

经营租赁费指企业为扩大销售而租用的柜台、设备等的费用，不包括融资租赁费。

指标 2.168　销售服务费用（041）

销售服务费用指企业提供的商品售后服务等的费用。

指标 2.169　销售部门人员工资（042）

销售部门人员工资指为销售本企业商品而专设的销售机构（含销售网点、售后服务网点等）的职工工资。

指标 2.170　销售部门人员福利费（043）

销售部门人员福利费指为销售本企业商品而专设的销售机构（含销售网点、售后服务网点等）的职工福利费。

指标 2.171　差旅费（044）

差旅费指为销售本企业商品而专设的销售机构（含销售网点、售后服务网点等）的差旅费，包括市内公出的交通费和外地出差的差旅费。

指标 2.172　办公费（045）

办公费指为销售本企业商品而专设的销售机构（含销售网点、售后服务网点等）发生的各项办公经费支出。

指标 2.173　通信费（046）

通信费指为销售本企业商品而专设的销售机构（含销售网点、售后服务网点等）用于通信方面的费用，包括固定电话、移动电话、微机联网等的费用。

指标 2.174　招待费（047）

招待费指为销售本企业商品而专设的销售机构（含销售网点、售后服务网点等）发生的各项招待费用。

指标 2.175 折旧费 （048）

折旧费指为销售本企业商品而专设的销售机构（含销售网点、售后服务网点等）根据应计提折旧的固定资产原值和规定折旧率计提的资产折旧费。

指标 2.176 修理费 （049）

修理费指为销售本企业商品而专设的销售机构（含销售网点、售后服务网点等）为修理房屋、固定资产和低值易耗品等资产所支付的费用。

指标 2.177 物料消耗 （050）

物料消耗指为销售本企业商品而专设的销售机构（含销售网点、售后服务网点等）发生的机物料消耗。

指标 2.178 低值易耗品摊销 （051）

低值易耗品摊销指为销售本企业商品而专设的销售机构（含销售网点、售后服务网点等）发生的低值易耗品摊销。

指标 2.179 社保费 （052）

社保费指为销售本企业商品而专设的销售机构（含销售网点、售后服务网点等）为本机构人员缴纳的各项社会保险费用的总计数，包括养老保险、医疗保险、失（待）业保险、劳动保险、工伤保险、生育保险、企业为个人支付的商业保险等。

指标 2.180 其他营业费用（没有包括在上述指标中的支出项目）（053）

本项指企业在报告期发生的除上述营业费用项目以外的所有营业费用。该指标与企业会计账目中的"其他营业费用"项的数据不同，因为它不仅包括企业会计账目中的"其他营业费用"项，还包括企业营业费用中核算了的、但本表中未列出的营业费用项目。即本表的"其他营业费用"是企业会计账目中的"营业费用"扣除本表已列出的各营业费用之后的差额。

指标 2.181 其他营业费用中支付给个人和上交给政府部分 （054）

本项指其他营业费用中支付给个人的各种补贴和上交给政府管理部门的各项费用。

指标 2.182 公司经费 （056）

公司经费指直接在企业行政管理部门发生的各项费用，包括行政管理部门职工工资、修理费、物料消耗、低值易耗品摊销、办公费和差旅费等。

指标 2.183 行政管理人员工资 （057）

本项指企业行政管理部门的职工工资。

指标 2.184 行政管理人员福利费 （058）

本项指企业行政管理部门的职工福利费。

指标 2.185 折旧费 （059）

折旧费指企业行政管理部门的固定资产按规定折旧率计提的资产折旧费。

指标 2.186 差旅费 （060）

差旅费指企业行政管理部门的差旅费，包括市内公出的交通费和外地出差的差旅费。

指标 2.187　办公费（061）

办公费指企业行政管理部门发生的各项办公经费支出。

指标 2.188　修理费（062）

修理费指企业行政管理部门为修理房屋、固定资产和低值易耗品等资产所支付的费用。

指标 2.189　机物料消耗（063）

机物料消耗指企业行政管理部门发生的机物料消耗。

指标 2.190　低值易耗品摊销（064）

此项指企业行政管理部门发生的低值易耗品摊销。

指标 2.191　工会经费（065）

工会经费指按职工工资总额（扣除按规定标准发放的住房补贴，下同）的 2% 计提并拨交给工会使用的经费。

指标 2.192　无形资产摊销（066）

此项指企业行政管理部门发生的无形资产摊销。

指标 2.193　通信费（067）

通信费指企业行政管理部门用于通信方面的费用，包括固定电话、移动电话、微机联网等的费用。

指标 2.194　印刷费（068）

印刷费指企业支付的各种印刷费。

指标 2.195　会议费（069）

会议费指企业用于召开会议的费用。

指标 2.196　水电费（070）

水电费指企业行政管理部门支付的用于外购的水费和电费。

指标 2.197　水电费中上缴的各项税费（071）

此项指企业的水电费中包含的代政府部门征收的各种税费，具体包括水费中的污水处理费，电费中的三峡基金、农网还贷、水库移民资金等。

指标 2.198　警卫消防费、人防基金（072）

此项指企业进行警卫消防活动所发生的各项费用支出，和企业支付的人防基金。

指标 2.199　仓库经费（073）

仓库经费指企业使用和租赁外单位仓库发生的费用。

指标 2.200　劳动保护费（074）

劳动保护费指企业为职工配备的工作服、手套、安全保护用品、防暑降温用品等所发生的支出和高温、高空、有害工作津贴，洗理费等。如果"制造费用"中已经核算了劳动保护费，则此项不包括"制造费用"中的劳动保护费。

指标 2.201　保健补贴、洗理费（075）

此项指劳动保护费中所有支付给职工个人的各种保健补贴和洗理费。不包括"制造费用"中已经核算并填报的部分。

指标2.202　上交管理费（076）

上交管理费指企业上交给上级单位的管理费。

指标2.203　职工取暖费和防暑降温费（077）

此项指企业支付给职工个人的取暖和防暑降温补贴。

指标2.204　劳务费（078）

劳务费指企业支付给雇佣的临时生产人员的，而且没有包括在工资中的劳务费用，但不包括在"制造成本"中已经填报的劳务费。

指标2.205　社保费（079）

社保费指企业为员工缴纳的各项社会保险费用的总计数，包括养老保险、医疗保险、失（待）业保险、劳动保险、工伤保险、生育保险、企业为个人支付的商业保险等。如果企业的社保费是在制造费用、营业费用、管理费用中分别核算的，则本指标只包括企业管理人员的社保费；如果企业所有员工的社保费都在管理费用中核算，则本指标填报企业所有员工的社保费。

指标2.206　住房公积金和住房补贴（080）

此项指企业支付给职工个人的住房公积金和住房补贴。

指标2.207　董事会费（081）

董事会费指企业董事会或最高权力机构及其成员为执行职权而发生的各项费用，包括成员津贴、差旅费、会议费等。

指标2.208　聘请中介机构费（审计费）（082）

此项指企业聘请中介机构进行查账、验资，以及资产评估、清账等发生的费用和企业接受审计发生的费用。

指标2.209　咨询费（083）

咨询费指企业向有关咨询机构进行生产技术经营管理咨询所支付的各项费用，包括聘请企业经济技术顾问、法律顾问等支付的费用。

指标2.210　诉讼费（084）

诉讼费指企业向法院起诉或应诉而发生的费用。

指标2.211　业务招待费（085）

业务招待费指企业为业务经营的合理需要而支付的列入管理费的业务招待费用。

指标2.212　税金及上交的各种专项费用（086）

此项指企业上交的税金以及上交管理部门的各种专项费用的总和，包括房产税、车船使用税、土地使用税和印花税、矿产资源补偿费、防洪建设维护费、煤炭开采企业的安全费用、煤炭风险基金、专项维检费及井巷费、新井建设基金、地面塌陷补偿、水土补治费、土地复垦费、水资源补偿费以及未包括在上述项目中的各种政府规费、捐赠等。

指标2.213　技术转让费（087）

技术转让费指企业使用非专利技术而支付的费用。

指标2.214　职工教育经费（088）

职工教育经费指企业为职工学习先进技术和提高文化水平而支付的费用，按职工工资总额的 1.5% 计提。

指标 2.215　技术（研究）开发费（089）

技术（研究）开发费指企业开发新产品、新技术所发生的新产品设计费、工艺规程制定费、设备调试费、原材料和半成品的试验费、技术图书资料费、未纳入国家计划的中间试验费、研究人员的工资、研究设备的折旧、与新产品新技术研究有关的其他经费、委托其他单位进行的科研试制的费用以及试制失败损失等，不包括在"制造费用"中已经填报的"研发、试验检验费"。

指标 2.216　技术（研究）开发费中支付科研人员的工资及福利费（090）

此项指企业的科研机构单独支付的科研人员的工资及福利费，如果科研人员的工资及福利费没有单独列出，而是包括在职工的工资及福利费中，则此项免填。

指标 2.217　汽车费支出（091）

汽车费支出指企业用于汽车使用和保养方面的各项支出，包括养路费、车险、过路过桥费、停车费、修车费、耗油（天然气）费等，以及企业用于租车、打车的费用。

指标 2.218　排污费（092）

排污费指企业按照规定缴纳的排污费用。

指标 2.219　绿化费（093）

绿化费指企业对厂区、矿区进行绿化而发生的零星绿化费用。

指标 2.220　坏账准备（094）

坏账准备指企业按应收账款的一定比例计提的坏账准备。执行 2006 年《企业会计准则》的企业免填此项。

指标 2.221　存货跌价准备（095）

存货跌价准备指企业按存货的期末可变现净值低于其成本的差额计提的存货跌价准备。执行 2006 年《企业会计准则》的企业免填此项。

指标 2.222　其他管理费用（没有包括在上述指标中的支出项目）（096）

此项指企业在报告期发生的除上述管理费用项目以外的所有管理费用。该指标与企业会计账目中的"其他管理费用"项的数据不同，因为它不仅包括企业会计账目中的"其他管理费用"项，还包括企业管理费用中核算了的、但本表中未列出的管理费用项目。即本表的"其他管理费用"是企业会计账目中的"管理费用"扣除本表已列出的各项管理费用之后的差额。

指标 2.223　其他管理费用中支付给个人和上交给政府部分（097）

此项指其他管理费用中支付给个人的各种补贴和上交给政府管理部门的各项费用。

指标 2.224　利息支出（净额）（099）

此项指企业短期借款利息、长期借款利息、应付票据利息、票据贴现利息、应付债券利息、长期应付引进国外设备款利息等利息支出减去银行存款等的利息收入后的净额。该指标应填报企业会计报表上的利息净支出。

指标 2.225　汇兑损失（净额）（100）

汇兑损失（净额）指企业因向银行结售或购入外汇而产生的银行买入、卖出价与记账所采用的汇率之间的差额，以及月度（季度、年度）终了，各种外币账户的外币期末余额，按照期末规定汇率折合的记账人民币金额与原账面人民币金额之间的差额等。

指标2.226　金融服务和调剂外汇手续费（101）

此项指发行债券所需支付的手续费、开出汇票的银行手续费、调剂外汇手续费等（但不包括发行股票所支付的手续费），也包括企业得到其他金融服务需支付的手续费。

指标2.227　其他财务费用（102）

此项指除上述各项财务费用以外企业发生的其他所有财务费用。

2. 报表格式

工业成本费用（B703表），见附表1－10。

（五）劳动情况报表

1. 指标解析

指标2.228　期末人数

期末人数指本单位年（季）末最后一日24时的全部人员。包括：①在岗职工；②聘用的其他人员；③不在岗职工。不包括最后一日当天及以前已经与单位解除劳动合同关系的人员。

按照"谁发工资谁统计"的原则，在单位直接领取全部劳动报酬、生活费的人都应由发放单位统计。

注意：

（1）在期末人数中不包括利用课余时间打工的学员及在本单位实习的各类在校学员。

（2）根据国家统计局规定，参军人员无论原单位是否仍发生活费或补贴都不统计在期末人数中。

（3）不包括本单位正式离退休人员，但包括正式离退休后又被单位反聘的离退休人员。

指标2.229　在岗职工

在岗职工指在本单位工作并由单位支付工资的人员，以及有工作岗位，但由于学习、病伤产假（六个月以内）等原因暂未工作，仍由单位支付工资的人员。包括与本单位签订无固定期限合同的人员、固定期限合同的人员和以完成一定工作任务为期限的劳动合同人员等。

下列人员应统计为在岗职工：

（1）单位招用的处于试用期的人员；

（2）单位招用的自存档案的各类人员；

（3）单位招用的虽没转档案但与原单位已没任何关系的人员；

（4）单位招用的档案保留在各类人才服务中心及职业介绍所的人员；

（5）机关事业单位在编制外自行招用的失业人员，单位招用的临时工；

（6）街道办事处、镇、乡填报时要包括：在街道、镇、乡以及下属居（村）委会

中工作的干部、社区工作者等;

（7）工资由本单位发放,但被派到其他或下属单位工作的人员;

（8）关于劳务派遣单位的人员统计方法:单位使用劳务输出机构（公司）提供的劳务工,如果使用方不直接支付劳务人员工资,而是将劳务人员全部工资支付给劳务输出方,再由劳务输出方向劳务人员直接发放,按照"谁发工资谁统计"的原则,则应由劳务输出方统计为在岗职工并统计其工资,如果劳务工的使用方直接向劳务人员支付全部工资,劳务输出方只收取管理费,则应由劳务使用方统计为在岗职工并统计其工资。

指标 2.230　户口在外省市人员

此项指在岗职工中没有北京市户口的人员。

指标 2.231　户口在农村人员

此项指在岗职工中现仍保留农村户籍关系的人员。

指标 2.232　户口在本市农村人员

此项指在岗职工中现仍保留本市农村户籍关系的人员。

指标 2.233　聘用的其他人员

此项指劳动统计制度规定不作在岗职工和不在岗职工统计,但实际参加本单位生产或工作并取得劳动报酬的人员,包括聘用的离退休人员、聘用的港澳台和外籍人员、其他从业人员。

指标 2.234　非全日制人员

非全日制人员指根据《中华人民共和国劳动合同法》规定,以小时计酬为主,劳动者在同一用人单位一般平均每日工作时间不超过 4 小时,每周工作时间累计不超过 24 小时,且劳动报酬结算支付周期最长不得超过 15 日的人员,不包括不定时工作制人员,如老师、编辑等。

指标 2.235　聘用的离退休人员

此项指本单位使用的已办理正式离退休手续并支付劳动报酬的人员。包括留用的本单位离退休人员和聘用的外单位离退休人员。

指标 2.236　聘用的港澳台和外籍人员

此项指在本单位工作并支付劳动报酬的港澳台和外籍人员。不包括临时访问、讲学和因从事某一课题（或任务）进行短期（半年以内）研究或工作的人员。该指标按国籍或身份统计。

指标 2.237　其他从业人员

此项指本单位聘用或使用与本单位没有社会保险关系,但在本单位领取劳动报酬的其他人员,这类人员实际参加本单位生产或工作。包括由街道、镇、乡办事机构发放劳动报酬且社会保险在外单位的社区治安巡逻人员、社区保洁员、园林绿化员以及城管监察员、水务管理员等。

根据国家统计局原人口与就业司和原劳动部综合计划与工资司联合下发的《关于加强金融保险行业劳动统计工作的通知》（人口司函〔1997〕18 号）文件精神,金融

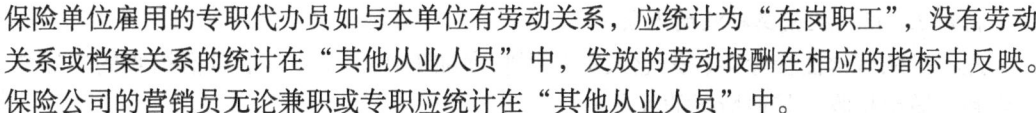

保险单位雇用的专职代办员如与本单位有劳动关系，应统计为"在岗职工"，没有劳动关系或档案关系的统计在"其他从业人员"中，发放的劳动报酬在相应的指标中反映。保险公司的营销员无论兼职或专职应统计在"其他从业人员"中。

指标2.238 不在岗职工

不在岗职工指由于各种原因，已经离开本人的生产或工作岗位，并已不在本单位从事其他工作，仍与本单位保留劳动关系的人员。不包括本单位办理正式手续的离退休人员。包括只发放基本工资的外派工作人员、离岗休养职工、企业的离岗挂编人员、协议保留劳动关系人员、下岗待工人员、长期学习、病、伤、产假离开工作岗位六个月及以上的人员等。停薪留职自费出国留学人员、派出国劳务人员，从出国之日起如原单位仍发放工资的将其统计在"不在岗职工"中，将工资统计在"不在岗职工生活费"中；如原单位不再发放工资的人员，只统计其人数，通过境外单位直接发放的工资不统计。

指标2.239 平均人数

（1）月平均人数：以报告月内每天实有的全部人数相加之和，除以报告月的日历日数。计算公式为：

$$月平均人数 = 报告月内每天实有的全部人数之和 \div 报告月的日历日数$$

对人员增减变动很小的单位，其月平均人数也可以用月初人数与月末人数之和除以2求得。计算公式为：

$$月平均人数 = （月初人数 + 月末人数）\div 2$$

在计算月平均人数时应注意：

①公休日与节假日的人数应按前一天的人数计算。

②对新建立不满整月的单位（月中或月末建立），在计算报告月的平均人数时，应以其建立后各天实有人数之和，除以报告期日历日数求得，而不能除以该单位建立的天数。

（2）季平均人数：以报告季内各月平均人数之和除以3后求得。计算公式为：

$$季平均人数 = 报告季内各月平均人数之和 \div 3$$

（3）年平均人数：以12个月的平均人数相加之和除以12求得，或以4个季度的平均人数之和除以4求得。计算公式为：

$$年平均人数 = 报告年内12个月平均人数之和 \div 12$$

或：

$$年平均人数 = 报告年内4个季度平均人数之和 \div 4$$

在年内新成立的单位年平均人数计算方法为：从实际开工之月起到年底的月平均人数相加除以12个月。

$$年平均人数 = （开工之月平均人数 + \cdots + 12月平均人数）\div 12$$

指标2.240 新增和调入的从业人员

此项指报告期内本单位新增和调入的从业人员，包括在岗职工和聘用的其他人员。

指标2.241 从农村招收的人员

此项指从户口在农村的劳动力中招收参加工作的人员。

指标2.242　从城镇招收的人员

此项指从城镇社会青年、失业人员中招收参加工作的人员，不包括招收的应届毕业生和从城镇招收的其他情况的人员。

指标2.243　录用的退伍军人

此项指当年录用的复员军人和录用的转业军人。

指标2.244　录用的复员军人

此项指从部队复员后，直接由单位录用的或由职业介绍所介绍的人员，包括参军前是职工或已办理了招工手续，服役期满后又回到原单位复工复职的人员，不包括复员回农村参加生产后，又被城镇单位招收录用的人员，这一部分人应计入"从农村招收的人员"人数中。

指标2.245　录用的转业军人

此项指退出现役，转到地方由国家分配到各类单位直接录用或由职业介绍所介绍而录用的部队转业军人。

指标2.246　录用的大学毕业生

此项指从大学、专科学校及研究生院（部）毕业后，直接由单位录用的人员，包括由学校推荐、本人自行联系工作单位而录用的各类应届毕业生。

指标2.247　录用的中专和技校毕业生

此项指从中等专科学校和技工学校毕业后直接由单位录用的人员。

指标2.248　由本市外单位调入的人员

此项指在报告期内由本市各类单位调入的人员，包括由系统内调入人员。

指标2.249　由外省、自治区、直辖市调入的人员

此项指在报告期内由外省、自治区、直辖市各类单位调入的人员。

指标2.250　不在岗职工重新上岗

此项指本单位的下岗职工重新上岗。

指标2.251　其他人员

此项指除上述几类人员以外增加聘用的其他人员，包括增加聘用的离退休人员、港澳台和外籍人员，以及增加的其他从业人员。

指标2.252　减少和调出的从业人员

此项指报告期内本单位减少和调出的从业人员，包括在岗职工和聘用的其他人员。

指标2.253　离休

离休指根据国家有关规定，离开生产或工作岗位，正式办理了离休手续并享受离休待遇的人员。

指标2.254　退休

退休指达到国家规定的年龄和条件，退出生产或工作岗位，正式办理了退休手续并享受退休待遇的人员。未达到国家规定的退休条件，在单位内办理退休手续的人员不能统计到退休人员中，而应统计为单位"不在岗职工"；如已被社会统筹机构承认并发放退休费的提前退休人员，应计入本项中。

指标 2.255 退职

退职指职工本人自愿，或因丧失工作能力，又不具备退休条件而办理离职手续并享受相应待遇的人员。

指标 2.256 开除

开除指职工严重违反劳动纪律或犯有其他严重错误，受到开除公职的行政处分，并由单位办理开除手续的人员。

指标 2.257 除名

除名指根据有关规定，对无正当理由经常旷工，经批评教育无效，由单位办理除名手续的人员。

指标 2.258 辞退

辞退指按有关规定，对犯有违纪行为，由单位办理辞退手续的人员，以及其他原因按有关规定办理辞退手续的人员。

指标 2.259 终止、解除合同的人员

终止、解除合同的人员指根据有关规定，单位与职工签订合同后，因正常或非正常原因，与单位终止或解除了劳动关系的合同制职工。

指标 2.260 离开本单位仍保留劳动关系的人员

年内新增加的不在岗职工，反映的是从业人员的减少。

指标 2.261 调到本市外单位的人员

此项指在报告期内办理调动手续后调到本市外单位的人员。

指标 2.262 调到外省、自治区、直辖市的人员

此项指在报告期内调到外省、自治区、直辖市各类单位的人员。

指标 2.263 其他人员

此项指除上述几类人员以外减少的聘用的其他人员，包括减少聘用的离退休人员、港澳台和外籍人员，以及减少的其他从业人员。

指标 2.264 劳动报酬、生活费

此项指在报告期内直接支付给本单位使用的全部人员的劳动报酬和生活费，包括在岗职工工资总额，聘用的其他人员劳动报酬，不在岗职工生活费。

指标 2.265 在岗职工工资总额

此项与"在岗职工"指标相对应，根据 1990 年 1 月 1 日的国家统计局令（一号）修订，指单位在报告期内直接支付给本单位在岗职工的劳动报酬总额。包括基础工资、职务工资、级别工资、工龄工资、计件工资、奖金、各种津贴和补贴、交通补贴、洗理费、书报费、旅游费、过节费、伙食补助、住房补贴、住房提租补贴、由单位从个人工资中直接为其代扣或代缴的个人所得税、房水电费以及住房公积金和社会保险基金个人缴纳部分等。

在统计工资总额时不管是预算内资金，还是预算外资金；不管是单位自筹的资金，还是上级（或政府财政部门）下拨的资金；在财务账上不管是工资科目，还是其他科目，只要符合劳动报酬性质的，都应统计在工资总额中。

国家统计局文件《关于认真贯彻执行〈关于工资总额组成的规定〉的通知》（统制字〔1990〕1号）文件中对工资总额的计算做了明确解释：各单位支付给职工的劳动报酬以及其他根据有关规定支付的工资，不论是计入成本的还是不计入成本的，不论是按国家规定列入计征奖金税项目的还是未列入计征奖金税项目的，均应列入工资总额的计算范围。因此，发放给本单位在岗职工的"技术交易奖酬金"应计入本单位在岗职工工资总额中；发放给本单位其他从业人员的"技术交易奖酬金"计入其他从业人员劳动报酬中。

根据国家统计局《关于房改补贴统计方法的通知》（统制字〔1992〕80号），住房补贴或房改补贴均应统计在工资总额中。房改一次性补贴款，如补贴发放到个人，可自行支配的计入工资总额内；如补贴为专款专用存入专门的账户，则不计入工资总额统计。

根据国家统计局办公室《关于印发1998年年报劳动统计新增指标解释及问题解答的通知》（国统办字〔1998〕120号），北京市房改办《关于北京市提高公有住房租金增发补贴有关问题的通知》（〔2000〕京房改办字第080号），北京市财政局《关于印发北京市市级党政机关工作人员日常通信工具安装、配备和管理的规定的通知》（京财行〔2000〕394号）文件精神，各企、事业，机关单位发放的住房提租补贴、通信工具补助、住宅电话补助应计入工资总额项中的各种津贴。

根据国家统计局办公室《关于印发2002年劳动统计年报新增指标解释及问题解答的通知》（国统办字〔2002〕20号）文件精神，单位为职工缴纳的补充养老保险和补充医疗保险暂不做工资总额统计，其他各种商业性保险其性质为劳动报酬，因此应计入工资总额统计；单位给职工个人实报实销的职工个人家庭使用的固定电话话费、职工个人使用的手机费、职工个人购买的服装费（不包括工作服）等各种费用，其实质为岗位津贴或补贴，应计入工资总额统计；有些地区为不休假的职工发放一定的现金或补贴，其性质为劳动报酬，应计入工资总额统计；试行企业经营者年薪制的经营者，其工资正常发放部分和年终结算后补发的部分属于劳动报酬性质，应计入工资总额统计。

注：国家统计局（国统办字〔1999〕106号）文件中规定"单位以各种名义发放的现金和实物，只要属于劳动报酬性质并且现行统计制度未明确规定不计入工资的都应作为工资统计"。

工资总额具体内容如下：

（1）计时工资。计时工资指按计时工资标准和工作时间支付给个人的劳动报酬。包括：

①对已完成工作按计时工资标准支付的工资，即基本工资部分；

②新参加工作职工的见习工资（学徒的生活费）；

③根据国家法律、法规和政策规定，因病、工伤、产假、计划生育假、婚丧假、事假、探亲假、定期休假、停工学习、执行国家或社会义务等原因按计时工资标准或计时工资标准的一定比例支付的工资；

④实行岗位技能工资制的单位支付给职工的技能工资及岗位（职务）工资；

⑤合同制职工按规定缴纳的不超过本人标准工资一定比例的退休养老基金、职工受处分期间的工资、浮动升级的工资等。

⑥机关工作人员的职务工资、级别工资、基础工资、岗位工资、技术等级（职务）工资。

（2）计件工资。计件工资指对已做工作按计件单价支付的劳动报酬。包括：

①实行超额累进计件、直接无限计件、限额计件、超定额计件等工资制，按劳动部门或主管部门批准的定额和计件单价支付给个人的工资；

②按工作任务包干方法支付给个人的工资；

③按营业额提成或利润提成办法支付给个人的工资。

（3）计件标准工资。计件标准工资指实行计件工资制的单位，按照批准的计件单价和规定的劳动定额或工作量支付给计件工人的劳动报酬。即在一定时期内职工应当完成的定额乘以单价后的工资。在一般情况下（即工作物等级与标准工资等级相同时），计件标准工资与标准工资相等，当工作物等级高于标准工资等级时，计件标准工资高于标准工资。

（4）计件超额工资。计件超额工资是计件工资的一部分，指计件工人超额完成定额任务后所得的工资。即计件工人实得的全部计件工资减去应得的计件标准工资后的数额。某些企业的工人由于从事生产的工作物等级高于本人工资等级，因而其计件标准工资高于本人标准工资，其计件超额工资应是全部工资减去应得的计件标准工资后的数额。

（5）奖金。奖金指支付给在岗职工的超额劳动报酬和增收节支的劳动报酬。其具体包括：

①生产（业务）奖：具体包括超产奖、质量奖、安全（无事故）奖、考核各项经济指标的综合奖、提前竣工奖、外轮速遣奖、年终奖（劳动分红）等；

②节约奖：具体包括各种动力、燃料、原材料等节约奖；

③劳动竞赛奖：具体包括发给劳动模范、先进个人的各种奖金；

④机关、事业单位各类人员的年终一次性奖金、机关工人的奖金、体育运动员的平时训练奖；

⑤其他奖金：具体包括从兼课酬金和业余医疗卫生服务收入提成中支付的奖金，运输系统的堵漏保收奖，学校教师的教学工作量超额酬金，从各项收入中以提成的名义发给职工的奖金等。

（6）津贴和补贴。津贴和补贴指为了补偿职工特殊或额外的劳动消耗和因其他特殊原因支付给职工的津贴，以及为了保证职工工资水平不受物价影响而支付给职工的物价补贴。

津贴包括：

①补偿职工特殊或额外劳动消耗的津贴及岗位性津贴。包括：高空津贴、井下津贴、流动施工津贴、高温作业临时补贴、艰苦气象台（站）津贴、微波站津贴、冷库低温津贴、邮电人员外勤津贴、夜班津贴、中班津贴、班（组）长津贴、环卫人员岗位津贴、

广播电视天线工岗位津贴、盐业岗位津贴、废品回收人员岗位津贴、殡葬特殊行业津贴、城市社会福利事业岗位津贴、环境监测津贴、收容遣送岗位津贴、课时津贴、班主任津贴、科研辅助津贴、卫生临床津贴和防检津贴、农业技术推广服务津贴、护林津贴、林业技术推广服务津贴、野生动物保护工作津贴、水利防汛津贴、气象服务津贴、地震预测预防津贴、技术监督工作津贴、口岸鉴定检验津贴、环境污染监控津贴、社会服务津贴、特殊岗位津贴、会计岗位津贴、岗位津贴、野外津贴、水上作业津贴、艺术表演档次津贴、演出场次津贴、艺术人员工种补贴、运动队班（队）干部驻队津贴、教练员培训津贴、运动员成绩津贴、运动员突出贡献津贴、责任目标津贴、领导职务津贴、岗位目标管理津贴、专业技术职务津贴、专业技术岗位津贴、技术等级岗位津贴、技术工人岗位津贴、普通工人作业津贴及其他为特殊行业和苦脏累险等特殊岗位设立的津贴。

机关工作人员岗位津贴。包括：公安干警值勤津贴、警衔津贴、交通民警保健津贴、海关工作人员岗位津贴、审计人员外勤工作补贴、税务人员的税务征收津贴（包括农业税收）、工商行政管理人员外勤津贴、人民法院干警岗位津贴、人民检察院干警岗位津贴、司法助理员岗位津贴、监察纪检部门办案人员补贴、人民武装部工作人员津贴、监狱劳教所干警健康补贴等。

②保健性津贴。包括：卫生防疫津贴、医疗卫生津贴、科技保健津贴、农业事业单位发放的有毒有害保健津贴以及其他行业职工的特殊保健津贴等。

③技术性津贴。包括：特级教师津贴、科研课题津贴、研究生导师津贴、工人技师津贴、中药老药工技术津贴、特殊教育津贴、高级知识分子特殊津贴（政府特殊津贴）等。

④年功性津贴。包括：工龄工资、工龄津贴、教龄津贴和护士护龄津贴等。

⑤地区津贴。包括：艰苦边远地区津贴和地区附加津贴等。

⑥其他津贴。包括：直接支付给个人的伙食津贴（火车司机和乘务员的乘务津贴、航行和空勤人员伙食津贴、水产捕捞人员伙食津贴、专业车队汽车司机行车津贴、体育运动员和教练员伙食补助费、少数民族伙食津贴、小伙食单位补贴、无食堂补贴等）、合同制职工的工资性补贴、上下班交通补贴、洗理卫生费、书报费、工种粮补贴、过节费、干部行车补贴、私车补贴等。

补贴包括：为保证职工工资水平不受物价上涨或变动影响而支付的各种补贴，如副食品价格补贴，粮、油、蔬菜等价格补贴，煤价补贴、住房补贴、水电补贴、房改补贴以及提高煤炭价格后，部分地区实行的民用燃料和照明电价格补贴等。

（7）加班加点工资。加班加点工资指对在法定节假日和公休假日工作的职工，以及在正常工作日以外延长工作时间的职工按规定支付的加班工资和加点工资。

（8）其他工资。其他工资指其他根据国家规定支付的工资。如附加工资、保留工资以及调整工资补发的上年工资等。

指标2.266 聘用的其他人员劳动报酬

与"聘用的其他人员"指标相对应，本项指在报告期内直接支付给本单位聘用的其他人员的劳动报酬。包括支付给本单位聘用的离退休人员、聘用的港澳台和外籍人员、其他从业人员的劳动报酬，不包括支付给离退休人员的离、退休费。聘用的港澳台和外籍人员的全部劳动报酬应折合成人民币。

劳动报酬（工资总额）不包括以下项目：

（1）根据国务院发布的有关规定发放的创造发明奖、国家星火奖、自然科学奖、科学技术进步奖和支付的合理化建议和技术改进奖以及支付给运动员在重大体育比赛中的重奖。

（2）有关劳动保险和职工福利方面的费用。职工保险福利费用包括医疗卫生费、职工死亡丧葬费及抚恤费、职工生活困难补助、文体宣传费、集体福利事业设施费和集体福利事业补贴、探亲路费、计划生育补贴、冬季取暖补贴、防暑降温费、婴幼儿补贴（托儿补助）、独生子女牛奶补贴、独生子女费、"六一"儿童节给职工的独生子女补贴、工作服洗补费、献血员营养补助及其他保险福利费。

（3）劳动保护的各种支出。具体有：工作服、手套等劳动保护用品，解毒剂，清凉饮料，以及按照 1963 年 7 月 19 日国务院劳动部等七单位规定的范围对接触有毒物质、矽尘作业、放射线作业和潜水、沉箱作业、高温作业等五类工种所享受的由劳动保护费支出的保健食品费用。

（4）有关离休、退休、退职人员待遇的各项支出。

（5）支付给外单位劳务人员的一次性稿费、讲课费及其他专门工作报酬。

（6）实行住宿费、餐费包干后，实际支出费用低于标准的差价归己部分。

（7）对自带工具、牲畜来企业工作的从业人员所支付的工具、牲畜等的补偿费用。

（8）实行租赁经营单位的承租人的风险性补偿收入。

（9）一些单位职工集资入股或购买本企业的股票和债券后发给职工的股息分红、债券利息以及职工个人技术投入后的税前收益分配。

（10）企业一次性支付的工伤医疗补助金、伤残就业补助金、生活补助费、经济补偿金、赔偿金或违约金，买断工龄支付给职工的费用。

（11）劳务派遣单位收取用工单位支付的人员工资以外的手续费和管理费。

（12）支付给家庭工人的加工费和按加工订货办法支付给承包单位的发包费用。

（13）支付给参加企业劳动的在校学员的补贴。

（14）调动工作的旅费和安家费中净结余的现金。

（15）由单位负担的各项社会保险、住房公积金。

（16）支付给从保安公司招用人员的补贴。

指标 2.267　不在岗职工生活费

与"不在岗职工"指标相对应，本项指在报告期内直接支付给本单位不在岗职工的全部生活费，包括发给本单位下岗职工的生活费。

指标 2.268　本单位使用的劳务派遣人员

本项指根据《中华人民共和国劳动合同法》规定，直接与劳务派遣单位（用人单位）订立劳动合同，并被劳务派遣单位派遣到用工单位工作，且劳务派遣单位与用工单位订立劳务派遣协议的人员。

指标 2.269　本单位使用的劳务派遣人员劳动报酬

本项指在报告期内用工单位为劳务派遣工或劳务工支付的劳动报酬总额（不含因派遣人员而产生的管理费）。

指标 2.270　工资发放单位组织机构代码

本项指调查单位不掌握也不能直接发工资，表内指标数据全部为"0"时，调查单位填写给本单位人员直接发工资单位的组织机构代码，不包括代发工资的银行和经营代发工资业务的公司，此类情况委托单位直接填报数据；除以上情况，调查单位仍无法填报数据时，填写本单位组织机构代码。

指标 2.271　工资发放单位详细名称或不能填报原因

本项指调查单位不掌握也不能直接发工资，表内指标数据全部为"0"时，调查单位填写给本单位人员直接发工资单位的详细名称；除以上情况，调查单位仍无法填报数据时，填写本单位不能填报的简要原因。

2. 报表格式

法人单位劳动情况（I204 表），见附表 1 – 11。

（六）价格统计报表

1. 指标解析

指标 2.272　工业品价格指数（包括工业品出厂价格指数和原材料、燃料、动力购进价格指数）

工业品价格指数指通过调查收集部分代表企业的代表产品的价格变动资料加权计算的相对数，反映工业品价格变动趋势和变动程度。

指标 2.273　报告期单价

本项指报告月度的 8 日、18 日调查规格品销售（购进）价格。

填报产品出厂价格时按不含增值税价格填报；填报原材料、燃料、动力购进价格时按含增值税价格填报。

指标 2.274　报告期平均单价

本项指报告月度的 8 日、18 日调查规格品销售（购进）价格简单加和平均后所得到的价格。

指标 2.275　基期平均单价

本项指报告期的上年同月或上月 8 日、18 日调查规格品销售（购进）价格简单加和平均后所得到的价格。

2. 报表格式

工业品出厂价格月报表（208 – 1 表），见附表 1 – 12

（七）固定资产统计

1. 指标解析

指标 2.276　单位详细名称（01）

单位详细名称指经有关部门批准正式使用的单位全称。

　　企业的详细名称按工商部门登记的名称填写；行政、事业单位的详细名称按编制部门登记、批准的名称填写；社会团体、民办非企业单位、基金会和基层群众自治组织的详细名称按民政部门登记、批准的名称填写。填写时要求使用规范化汉字全称，与单位公章所使用的名称完全一致。

　　凡经登记主管机关核准或批准，具有两个或两个以上名称的单位，要求填写一个法人单位名称，同时用括号注明其余的单位名称。

　　指标 2.277　项目名称（02）

　　单位名称和项目名称是不同的，项目名称应按照计划任务书批准的名称填写。特别是那些一个单位有几个项目合报的（单个项目计划总投资在 499 万元及以下），要求填报主要项目名称。

　　指标 2.278　项目编码（05）

　　该代码 12 位，前 9 位为组织机构代码，后 3 位为项目顺序码，同一法人单位（产业活动单位）只有一个项目时，顺序码填写"001"，若有多个项目按自然顺序号依次填写。市重点工程顺序码以"500"为起点填写，土地一级开发项目顺序码以"900"为起点填写。顺序码编号在报告期内不得重复使用。

　　指标 2.279　项目建设地址代码（06）

　　本项指建设项目所坐落的区（县）、街道（乡、镇）、居（村）委会的地址和行政区划代码。行政区划代码共有 12 位阿拉伯数字，分为三段：第一段为 6 位数字，表示县及县以上的行政区划；第二段为 3 位数字，表示街道、镇和乡；第三段为 3 位数字，表示社区居委会和村民委员会。

　　指标 2.280　法人单位通信号码（07~10）

　　建设单位的通信方式，包括邮政编码、电话号码、电子邮箱、传真号码等。法人单位通信号码必须如实填写。

　　指标 2.281　登记注册类型（11）

　　企业法人或企业产业活动单位的登记注册类型，按其在工商行政管理机关登记注册的类型填写。如企业登记注册类型发生变化，但未及时到工商部门变更登记，企业应根据变化后的实际情况填写。

　　其他法人和产业活动单位的登记注册类型，按其主要经费来源和管理方式，根据实际情况，比照《企业登记注册类型与代码》填写。

　　指标 2.282　项目所属行业代码（12）

　　本项根据建设项目建成投产后的主要产品种类或主要用途及社会经济活动种类来划分。

　　一般情况下，一个建设项目只能属于一种国民经济行业。单纯建造住宅项目填"其他房地产"代码"7290"。

　　在现有企、事业单位中，为适应市场变化而全厂性转产，改变原有主要产品种类或主要经济活动性质（如军工转民用）的，可根据转产后的主要产品种类或主要经济活动性质来划分国民经济行业种类。

国民经济行业种类，要按《国民经济行业分类及代码》（GB/T4754—2002）中规定的分类标准填写。

填写时要按最后一级分类即小类填写。

指标2.283　隶属关系（13）

隶属关系指企业（单位）直接隶属于哪一级行政管理单位领导。按企业（单位）主管上级机关确定。

隶属关系分为：

（1）中央：中共中央、人大常委会和国务院各部、委、局、总公司以及直属机构直接领导和管理的企业或单位。

（2）市：由市政府及业务主管部门直接领导和管理的企业或单位。

（3）区（县）：区（县）政府直接领导和管理的企业或单位。

（4）其他：不属于以上各级政府及主管部门管理的企业或单位。

指标2.284　建设性质（15）

本项根据建设项目情况填写。

（1）新建：一般是指企业、事业和行政单位或独立工程从无到有、"平地起家"开始建设。有的单位原有的基础很小，经过建设后其新增加的固定资产价值超过企、事业单位原有固定资产价值（原值）三倍以上的也算新建。

（2）扩建：企、事业单位在厂内或其他地点，为扩大原有产品的生产能力（或效益）或增加新的产品生产能力，而增建主要生产车间（或主要工程）、独立的生产线、分厂。行政、事业单位在原单位增建业务用房（如学校增建的教学用房、医院增建门诊部、病房）也作为扩建。现有企、事业单位为扩大原有主要产品生产能力或增加新的产品生产能力，增建一个或几个主要生产车间（或主要工程）、总厂之下的分厂，如同时进行一些更新改造工程的建设，则该建设项目也应作为扩建。

（3）改建和技术改造：现有企业、事业单位，对原有设施进行技术改造或更新（包括相应配套的辅助性生产、生活福利设施）的建设项目。现有企、事业单位为适应市场变化的需要，而改变企业的主要产品种类（如军工企业转产民用品等）的建设项目，也应作为改建。原有产品生产作业线由于各工序（车间）之间能力不平衡，为填平补齐充分发挥原有生产能力而不增加本企业主要产品设计能力的车间，也作为改建。技术改造是指企业、事业单位在现有基础上，用先进的技术代替落后的技术，用先进的工艺和装备代替落后的工艺和装备，以改变企业落后的技术水平，实现以内涵为主的扩大再生产，达到提高产品质量、促进产品更新换代、节约能源、降低消耗、扩大再生产规模、全面提高社会经济效益的目的。技术改造具体包括以下内容：机器设备和工具的更新改造；生产工艺改革、节约能源和原材料的改造；厂房建筑和公共设施的改造；劳动条件和生产环境的改造。

（4）住宅等生活设施：企、事业及行政单位在不扩建、改建生产性工程和业务用房的情况下，单纯建造职工住宅、托儿所、子弟学校、医务室、浴室、食堂等生活福利设施。

（5）迁建：企、事业及行政单位为改变生产布局或由于城市环保或生产的需要等原因而搬迁到另地建设。在搬迁另地建设过程中，不论是维持原来规模还是扩大规模都按迁建统计。

（6）恢复：单位因自然灾害、战争等原因，使原有固定资产全部或部分报废以后，又投资恢复建设。不论是按原规模恢复还是在恢复的同时进行扩建的都按恢复项目统计。尚未建成投产的基本建设项目或企、事业单位，因自然灾害而损坏重建的，仍按原有建设性质划分。

（7）单纯购置：现有企业、事业、行政单位单纯购置不需要安装的设备、工具、器具而不进行工程建设。有些单位当年虽然只从事一些购置活动，但其设计中规定有建筑安装活动，应根据设计文件的内容来确定建设性质，不得作为单纯购置统计。

指标 2.285　建设阶段（17）

建设阶段指建设项目报告期工程进展所处的阶段。

（1）筹建：建设项目在年内永久性工程尚未正式开工，只是进行勘察设计、征地拆迁、场地平整等为建设做准备工作。筹建项目应根据设计任务书规定的性质划分建设性质。

（2）本年正式施工：建设项目本年内正式进行建筑或安装活动。建设项目包括本年新开工项目和以前年度开工跨入本年继续施工的项目，本年全部建成投产项目以及本年和以前年度全部停缓建在本年正式恢复施工的项目，仍为本年正式施工项目。以前年度已报全部建成投产，本年尚有遗留工程进行收尾的项目，以及已批准全部停缓建，但部分工程需要做到一定部位或进行仓库、生活福利设施工程的项目，不包括在本年正式施工项目之内。

（3）本年收尾：项目以前年度已全部建成投产或交付使用，但有遗留工程尚未竣工，在本年内进行收尾工程。本年底竣工的项目不能算做收尾项目。

（4）全部停缓建：建设项目在报告期末止经批准并已收到全部停缓建通知，包括报告期内有部分工程需要做到一定部位或仓库、生活福利设施工程经上级批准本年继续施工的项目。

（5）单纯购置：现有企业、事业、行政单位单纯购置不需要安装的设备、工具、器具而不进行工程建设。有些单位当年虽然只从事一些购置活动，但其设计中规定有建筑安装活动，应根据设计文件的内容来确定建设性质，不得作为单纯购置统计。

指标 2.286　项目开工时间（18）

项目开工时间指项目开始建设的年月。按建设项目设计文件中规定的永久性工程第一次开始施工的年月填写。如果没有设计，就以计划方案规定的永久性工程实际开始施工的年月为准。这个指标是计算建设项目建设工期和一定时期内施工项目个数的依据。

建设项目永久性工程的开工时间，一般是指永久性工程正式破土开槽开始施工的时间，作为建筑物组成部分的正式打桩也算为开工。在此以前的准备工作，如工程地质勘察、平整场地、旧有建筑物的拆除、临时建筑、施工用临时道路、水、电等工程都不算正式开工。总体设计内的工程开工之前，用迁移补偿费先进行拆迁还建工程的项目不算正式开工。没有土建工程的项目，开工时间填写安装工程开始施工的时间。水利、交通、铁路等需要进行大量土、石方工程的项目，开工时间填写开始进行土、石方工程的时间。以前年度全部停缓建在本年复工的项目，仍按设计文件中规定的永久性工程第一次正式开工的年月填报，不按复工的时间填报开工年月。

项目开工时间代码为6位，前4位为年份，后2位为月份，在填写1~9月编码时，十位上应补"0"，凡是筹建和单纯购置项目不填写开工时间。

指标2.287 当年全部建成（投产）时间（19）

当年全部建成（投产）时间指建设项目按计划规定的生产能力或效益在本年内全部建成，经验收合格或达到竣工验收标准（引进项目应按合同规定经过试生产考核达到验收标准，经双方签字确认）正式移交生产或交付使用的时间。

当年全部建成（投产）时间代码为6位，前4位为年份，后2位为月份。在填写1~9月份编码时，十位上应补"0"。

指标2.288 控股情况（21）

控股情况根据企业实收资本中某种经济成分的出资人的实际投资情况，或出资人对企业资产的实际控制、支配程度进行分类。具体分为国有控股、集体控股、私人控股、港澳台商控股、外商控股五类。

指标2.289 城乡分组（36）

（1）城镇固定资产投资：城镇各种登记注册类型的企业、事业、行政单位及个体户进行的计划总投资在50万元及以上的建设项目投资。镇及镇以上各级政府及主管部门直接领导、管理的建设项目和企事业单位的投资均为城镇固定资产投资。

（2）农村固定资产投资：农村投资统计以投资项目建设地址所在的地域为主界定农村投资统计的范围，即农村投资是指各种投资主体建设的建设项目地址在农村区域范围内的、以满足农村居民生产、生活需要为主要目的的各种投资活动。

指标2.290 期末项目建设状态（16）

此项指报告期末建设项目状态情况。

（1）在建：建设项目在报告期末尚未建成投产，处于建设阶段。包括筹建项目、本期施工项目，也包括以前年度施过工结转到本期尚未竣工的建设项目。

（2）全部投产：建设项目按计划规定的生产能力（或效益）在报告期全部建成，经验收合格或达到竣工验收标准。包括建设性质为单纯购置的项目。

（3）全部停缓建：建设项目在报告期内经批准并已收到全部停缓建通知。包括报告期内有部分工程需要做到一定部位或仓库、生活福利设施工程经上级批准本年继续施工的项目。

指标2.291 计划总投资（101）

计划总投资指建设项目或企、事业单位中的建设工程，按照总体设计规定的内容全部建成计划（或按设计概算或预算）需要的总投资。

计划总投资不包括铺底流动资金。没有总体设计，分别按年内施工工程的计划总投资合计数填报。计划总投资按以下办法确定填报：

（1）有上级批准概（预）算投资或计划总投资的，填列上级批准数；

（2）无上级批准概（预）算投资或计划总投资的，可填列上报的计划总投资数；

（3）前两者都没有的，填年内施工工程计划总投资。

（4）调整最初设计概算，经批准的可调整计划总投资，未经批准的不应调整计划总投资。

（5）需要核准行业的项目，以核准文件上核定的计划总投资为依据。

（6）备案项目以计划管理部门备案的计划总投资为依据。

（7）计划总投资小于自项目开始建设至期末累计完成投资的按累计完成投资填写。

（8）单纯购置项目以实际发生额填报。

指标2.292　自项目开始至期末累计完成投资（103）

此项指建设项目从开始建设到期末止累计完成的全部投资。

其计算范围原则上应与"计划总投资"指标包括的工程内容相一致。报告期以前已建成投产或停、缓建工程完成的投资以及拆除、报废工程的投资，仍应包括在内。但转出的"在建工程"累计投资应予以扣除，转入的"在建工程"以前年度完成的投资应当包括。

指标2.293　自年初累计完成投资（107）

此项指从本年1月1日起至报告期末止累计完成的投资（不能出现负数）。

（1）完成投资是以货币表示的工作量指标，包括实际完成的建筑安装工程价值，设备、工具、器具的购置费，以及实际发生的其他费用。没用到工程实体的建筑材料、工程预付款和没有进行安装的需要安装的设备等，都不能计算投资完成额。

（2）计算投资额所依据的价格：建筑安装工程投资额一般按预算价格计算。实行招标的工程，按中标价格计算。凡经建设单位与施工单位双方协商同意的工程价差、量差，且经合作银行同意拨款的，应视同修改预算价格。建筑安装工程应按修改后的预算价格计算投资完成额。

（3）对于某些工程已进入施工但施工图预算尚未编出的，统计报表可根据工程进度先按设计概算或套用相同的结构、类型工程的预算综合价格计算，待预算编出后再进行调整。

（4）建设单位议价购料供应给施工单位，材料价差部分未转给施工单位的，建设单位应将这部分价差包括在建设工程投资中。

（5）设备、工具、器具购置投资额一律按实际价格，即支出的全部金额计算。外购设备、工具、器具除设备本身的价格外，还应包括运杂费、仓库保管费等。自制的设备、工具、器具，按实际发生的全部支出计算。

（6）其他费用的价格一般按财务部门实际支付的金额计算。国内贷款利息按报告期实际支付的利息计算投资完成额，并作为增加固定资产的费用处理。利用国外资金或国家自有外汇购置的国外设备、工具、器具、材料以及支付的各种费用，按实际结算价格折合人民币计算。

指标2.294 本月完成投资（140）

本项指当月完成的全部投资额，不含其他月份完成的投资。

指标2.295 基础设施投资（151）

基础设施投资指能够为企业提供作为中间投入用于生产的基本需求；能够为消费者提供所需的基本消费服务；能够为社区提供用于改善不利的外部环境的服务等建设的投资，包括固定资产投资中用于市政工程、电信工程、公共设施和水利环保等建设的投资。具体包括：电力、燃气和水的生产和供应业；交通运输业；邮政业；信息传输业；水利、环境和公共设施管理业等。（该指标是指规划红线以外的市政道路及地下管线煤、水、电、气、热的施工。）

指标2.296 住宅投资（118）

住宅投资指专供居住使用的房屋，包括职工家属宿舍、职工单身宿舍、学员宿舍和经济适用房等建设单位自己建造的住宅，不包括购置的商品住宅。

指标2.297 经济适用房投资（137）

投资报表中的"经济适用房"指标和房地产开发统计中的含义不同。投资报表中的"经济适用房"是指列入国家经济适用房建设计划，不是由房地产开发公司进行开发，而是由地方政府统一组织，单位利用自有土地或国家无偿划拨土地，通过群众集资或合作建房形式建造，一般向内部职工销售或出租的政策性住房。

指标2.298 建筑工程（108）

建筑工程指各种房屋、建筑物的建造工程，又称建筑工作量。这部分投资必须经过兴工动料，通过施工活动才能实现。数据应来源于施工单位或工程监理单位。由监理公司或甲乙双方根据工程进度确认的投资，以施工单位报量单（完成工作量）为准。没有监理部门的工程，数据应直接取自施工方或甲方工程部门。

数据内容具体包括：

（1）各种房屋，如厂房、仓库、办公室、住宅、商店、学校、医院、俱乐部、食堂、招待所等的工程。包括房屋的土建工程；列入房屋工程预算内的暖气、卫生、通风、照明、煤气等设备的价值及装设油饰工程；列入建筑工程预算内的各种管道（如蒸汽、压缩空气、石油、给排水等管道），电力，电讯电缆，导线的敷设工程。

（2）设备基础、支柱、操作平台、梯子、烟囱、凉水塔、水池、灰塔等建筑工程；炼焦炉、裂解炉、蒸汽炉等各种熔炉的砌筑工程及金属结构工程。

（3）为施工而进行的建筑场地的布置、工程地质勘探，原有建筑物和障碍物的拆除，平整土地，施工临时用水、电、气、道路工程，以及完工后建筑场地的清理、环境绿化美化工作等。

（4）矿井的开凿，井巷掘进延伸，露天矿的剥离，石油、天然气钻井工程和铁路、公路、港口、桥梁等工程。

（5）水利工程，如水库、堤坝、灌溉以及河道整治等工程。

（6）防空、地下建筑等特殊工程及其他建筑工程。

指标 2.299 安装工程 (109)

本项指各种设备、装置的安装工程，又称安装工作量。

数据应来源于安装设备单位提供报量单。数据内容具体包括：

(1) 生产、动力、起重、运输、传动和医疗、实验等各种需要安装设备的装配和安装，与设备相连的工作台、梯子、栏杆等装设工程，附属于被安装设备的管线敷设工程，被安装设备的绝缘、防腐、保温、油漆等工作。

(2) 为测定安装工程质量，对单个设备、系统设备进行单机试运、系统联动无负荷试运工作（投料试运工作不包括在内）。在安装工程中，不包括被安装设备本身价值。

指标 2.300 设备工器具购置 (110)

本项指把工业企业生产的产品转为固定资产的购置活动，包括建设单位或企、事业单位购置或自制达到固定资产标准的设备、工具、器具的价值。新建单位及扩建单位的新建车间，按照设计或计划要求购置或自制的全部设备、工具、器具，不论是否达到固定资产标准均计入"设备、工具器具购置"中。数据应来源于建设单位。

需要安装的设备，必须在设备开始安装才能计算设备的投资。不需要安装的设备，只要设备到货并验收合格，即计算设备完成投资。

指标 2.301 用于更新的设备 (129)

本项指为更换陈旧设备而购置的设备。用于更新的设备与原设备在台数和价值上不一定相等。购置的设备如不用于更换原有设备，而是用于新增或扩大生产能力的，不能作为"用于更新的设备"统计。

指标 2.302 购置旧设备 (111)

本项指从外单位购入的已经使用过的各种设备，不包括从国外购进的旧设备。

指标 2.303 其他费用 (112)

其他费用指在固定资产建造和购置过程中发生的，除建筑安装工程和设备、工器具购置投资完成额以外的费用，不指经营中财务上的其他费用。包括旧房屋购置，基本畜禽支出，林木支出，退耕还林还草、土壤改良、城市绿化，办公生活用家具、器具购置，建设单位管理费，土地征用、购置及迁移补偿费，政府收费，勘察设计费，研究实验费，可行性研究费，临时设施费，施工机械转移费，设备检验费，负荷联合试车费，土地占用、使用费，建设期应付利息，包干节余，企业债券发行费，合同公证费及工程质量监测费，国外借款手续费及承诺费，汇兑损益，调整器材调拨价格折价，坏账损失，固定资产亏损及损失等。根据会计制度的要求，应计入项目"建设成本核算"的费用不能出现负数。

指标 2.304 土地购置费 (114)

此项指通过各种方式取得土地使用权而支付的费用（包括拆迁补偿费）。土地购置费包括：

(1) 通过"划拨"方式取得的土地使用权所支付的土地补偿费、附着物和青苗补偿费、安置补偿费及土地征收管理费等，竣工后计入新增固定资产。

（2）通过"出让"方式（包括协议出让，招、拍、挂出让）取得的土地使用权所支付的费用，竣工后不计入新增固定资产。

土地购置费按当期实际发生额计入投资。土地购置费为分期付款的，应分期计入投资。

指标 2.305　拆迁补偿费（152）

此项指为取得土地使用权而支付的拆迁补偿价款。

指标 2.306　贷款利息（153）

此项指建设单位为项目建设获取金融机构贷款所支付的利息。

指标 2.307　勘查设计费（154）

此项指在项目建设过程中发生的用于勘查设计的各项费用。

指标 2.308　旧建筑物购置费（155）

此项用于购置已使用过的各种旧房屋及其他建筑物。

指标 2.309　本年新增固定资产（128）

此项指报告期内交付使用的固定资产价值。包括本年内建成投入生产或交付使用的工程投资和达到固定资产标准的设备、工具、器具的投资及有关应摊入的费用。属于增加固定资产价值的其他建设费用，应随同交付使用的工程一并计入新增固定资产。

指标 2.310　房屋施工面积（130）

本项指报告期内施工的全部房屋建筑面积。包括本期新开工的面积和上年开工跨入本期继续施工房屋面积，以及上期已停建在本期恢复施工的房屋面积。本期竣工和本期施工后又停建、缓建的房屋面积仍包括在施工面积中，多层建筑应填各层建筑面积之和也就是整栋楼的面积。（该指标数据取自施工许可证或规划许可证中的面积数。）

指标 2.311　房屋竣工面积（132）

本项指报告期内房屋建筑按照设计要求已全部完工，达到住人和使用条件，经验收鉴定合格，可正式移交使用的各栋房屋建筑面积的总和。（该指标数据取自该项目的甲方、乙方、监理、设计四方竣工验收记录单或竣工验收备案表。）

指标 2.312　竣工房屋价值（134）

本项指报告期内竣工房屋本身的建造价值。竣工房屋价值按房屋设计和预算规定的内容计算。包括竣工房屋本身的基础、结构、房屋、装修以及水、电、卫等附属工程的建造价值，也包括作为房屋建筑组成部分而列入房屋建筑工程预算内的设备（如电梯、通风设备等）的购置和安装费用。不包括厂房内的工艺设备、工艺管线的购置和安装，工艺设备基础的建造，室外水、暖、电、卫、道路工程、挡土墙等环节工程的费用，办公及生活用家具的购置等费用，购置土地的费用，迁移补偿费和场地平整的费用等。

竣工房屋价值不仅包括该竣工房屋在报告期内完成的价值，也包括跨年施工的房屋在本期以前完成的价值。未竣工而转让给其他单位的房屋建筑工程，出让单位不计算竣工价值，待接受单位继续施工并符合竣工条件后，由接受单位计算其竣工价值，包括出让单位在出让前所完成的价值。竣工房屋价值一般按结算价格计算。在结算价

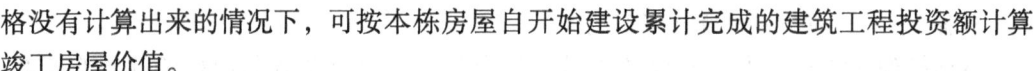

格没有计算出来的情况下，可按本栋房屋自开始建设累计完成的建筑工程投资额计算竣工房屋价值。

指标 2.313　施工（建设）项目个数（201）

本项指报告期内所施工的项目个数（含收尾项目）。筹建或单纯购置此栏不填项目个数。每一个建设项目只计算为一个项目个数，但合并上报的项目个数按实际填报。

指标 2.314　本年投产项目个数（203）

本项指在本年内全部建成投产经验收合格交付使用的项目个数（不含收尾项目）。筹建或单纯购置，此栏项目个数为空。每一个建设项目只计算为一个项目个数，但合并上报的项目个数按实际填报。

指标 2.315　规划用地面积（204）

规划用地面积指经有关部门批准的项目规划，建设项目需要使用的土地面积。数据来源于北京市规划委员会颁发的《规划用地许可证》。

指标 2.316　本年实际征用和购置土地面积（205）

本项指报告期内通过征用等各种方式获得使用权的土地面积。

指标 2.317　本年实际征用和购置土地成交价款（206）

本项指报告期内征用和购置土地进行土地使用权交易活动的最终金额。征用和购置土地的成交价款与征用和购置土地面积同口径，目的是正确计算平均土地征用和购置价格。

指标 2.318　本年资金来源合计（301）

本项指固定资产投资单位在本年内收到的可用于固定资产建造和购置的各种资金，包括上年末结余资金、本年度内拨入或借入的资金及以各种方式筹集的资金。

指标 2.319　上年末结余资金（302）

本项指上年资金来源中没有形成投资额而结余的资金。包括尚未用到工程上去的材料价值、未开始安装的需要安装设备价值及结存的现金和银行存款等。

上年末结余资金是本年投资资金来源的一部分，可根据有关财务数字填报。为反映当年资金来源与当年投资完成额之间的关系，上年末结余资金不能出现负数，即不能把上年应付工程、材料款作为上年结余资金的负数来处理。

指标 2.320　本年资金来源小计（303）

本项指固定资产投资单位在报告期收到的（包括报告期支付出去的资金），用于固定资产投资的各种货币资金。包括国家财政资金、国内贷款、债券、利用外资、自筹资金和其他资金。

指标 2.321　国家财政资金（304）

国家财政资金分为财政拨款和财政安排的贷款两部分。包括中央财政的基本建设基金（分经营性基金和非经营性基金两部分）、专项支出（如煤代油专项等）、收回再贷、贴息资金，财政安排的挖潜改造和新产品试制支出、城建支出、商业部门简易建筑支出、不发达地区发展基金等资金中用于固定资产投资的资金，地方财政中由国家统筹安排的资金等。

指标 2.322　市级财政资金（312）

本项指列入北京市发展和改革委员会投资计划，由市财政部门拨给建设单位的资金。

指标 2.323　区（县）级财政资金（313）

本项指列入区（县）发展和改革委员会投资计划，由区（县）财政部门拨给建设单位的资金。

指标 2.324　银行及非银行金融机构贷款（305）

本项指报告期固定资产投资单位向银行及非银行金融机构借入的用于固定资产投资的各种国内借款，包括银行利用自有资金及吸收的存款发放的贷款、上级主管部门拨入的国内贷款、国家专项贷款（包括煤代油贷款、劳改煤矿专项贷款等），地方财政专项资金安排的贷款、国内储备贷款、周转贷款等。

（1）银行贷款是指向各商业银行、政策性银行借入的用于固定资产投资的各项贷款。

（2）非银行金融机构贷款是指向除上述银行之外从事金融业务的机构借入的用于固定资产投资的各项贷款。非银行金融机构包括城市信用社、农村信用社、保险公司、金融信托投资公司、证券公司、财务公司、金融租赁公司、融资公司（中心）等。

指标 2.325　债券（306）

本项指企业（公司）或金融机构通过发行各种债券，筹集的用于固定资产投资的资金，包括由银行代理国家专业投资公司发行的重点企业债券和基本建设债券。不包括国债资金，国债资金统计在国家财政资金内。

指标 2.326　利用外资（307）

本项指报告期收到的用于固定资产建造和购置投资的境外资金（包括设备、材料、技术在内），包括外商直接投资、对外借款（外国政府贷款、国际金融组织贷款、出口信贷、外国银行商业贷款、对外发行债券和股票）及外商其他投资（包括补偿贸易和加工装配由外商提供的设备价款、国际租赁），不包括我国自有外汇资金（包括国家外汇、地方外汇、留成外汇、调剂外汇和中国银行自有资金发行的外汇贷款等）。

计算利用外资时，需要折算成人民币，折算中所使用的外汇汇率按现汇计算，即按使用外汇时的汇率计算。

指标 2.327　外商直接投资（308）

本项指外国投资商在与中国企业（政府）合资、合作或独资中以外汇现金、设备（或实物）、技术、专利或其他方式投入的资金总量。

指标 2.328　各级自筹资金（311）

本项指固定资产投资单位报告期收到的，由各地区、各部门及企业、事业单位筹集用于固定资产投资的预算外资金，包括中央各部门、各级地方和企业、事业单位的自有资金，不包括各级地方财政资金。

指标 2.329　其他资金（318）

本项指在报告期收到的除以上各种资金之外其他用于固定资产投资的资金。包括

社会集资、个人资金、无偿捐赠的资金及其他单位拨入的资金等。

指标2.330　社会集资（319）

本项指企事业单位内部或向社会筹集的用于固定资产投资的各种资金。

指标2.331　个人资金（331）

本项指个人资金中用于项目建设的部分。

指标2.332　无偿捐赠（332）

本项指无偿受赠的用于项目建设的资金（包括国外的机构和个人无偿捐赠）。

指标2.333　其他单位拨入（333）

本项指由其他单位所划拨的用于项目建设的各种资金。

指标2.334　本年各项应付未付款（320）

本项指本年用于固定资产投资的应付未付的投资款，包括当年应付工程款、应付器材款、应付工资、应付有偿调入器材及工程款、其他应付款、应交税金、应交基建收入、应交投资包干结余、应交能源交通建设基金、应交预算调节基金及其他应交款。各项应付款填报本报告期实际增加数（或发生数），不是填报开始建设以来的累计数。资金来源大于完成投资额时，实际发生的应付未付的投资款也应填报。

指标2.335　新增生产能力名称

新增生产能力名称指建成投产项目或工程新增产品生产能力的名称。基层单位在填报时，应将设计文件规定的各种生产能力或工程效益填列齐全，填写时先填统计分类目录中《新增生产能力目录及代码》有的能力或效益，然后再填目录以外的其他主要生产能力或效益。

指标2.336　计量单位

按照统计分类目录中《新增生产能力目录及代码》规定的计量单位填报。

指标2.337　建设规模（401）

此项指建设项目或工程设计文件中规定的全部设计能力。包括已经建成投产和尚未建成投产的工程的生产能力。

建设规模应填写设计任务书或计划文件中规定的全部能力或效益，如工业企业各主要产品的全部生产能力（设计规定有多种产品的，要将主要产品的设计能力逐一填列），铁路、公路的总长度等。新建项目按全部设计能力计算。改、扩建的建设规模，按改、扩建设计规定的全部新增加的能力填写，不包括改、扩建以前原有的生产能力或工程效益。没有总体设计的企业建设规模填本年施工的全部单项工程的设计能力，即以本年施工规模代替。

指标2.338　本年施工规模（402）

此项指报告期内施工的单项工程的设计能力，即全部建设规模中在本年正式施工的部分。设计规定有多种产品的，要将主要产品的施工规模逐一列出。本年施工规模包括报告期以前已开工，跨入本年继续施工的单项工程的设计能力和报告期新开工工程的设计能力。也包括报告期内建成投入生产的或报告期施工后又停、缓建的单项工程设计能力。在报告期以前开工并已投产的或已经停、缓建的工程，以及报告期内尚未正式开工的单项工程的设计能力不应计算在内。例如，某发电厂经批准建设 4 台 10 万千瓦发电机组，在报告期以前已建成投产 1 台；在报告期内施工的 2 台，其中 1 台建成投产；还有 1 台没有开工。则该电厂建设规模为 40 万千瓦，报告期的施工规模为 20 万千瓦。

指标 2.339　累计新增生产能力（404）

此项指自开始建设至期末止建成投产的全部单项工程累计的新增生产能力，包括报告期以前已经建成投产和报告期内建成投入生产的单项工程的生产能力。没有总体设计的企业只填本年施工的全部工程自开始建设至本年底止的累计生产能力。

指标 2.340　本年新增生产能力（405）

本项指在本年度内按照新增生产能力的计算条件和标准，实际建成投入生产或交付使用的生产能力。

新增生产能力，指通过固定资产投资活动而增加的设计能力。计算新增生产能力是以能独立发挥生产能力的工程为对象，如一座矿井、一座转炉、一套化工装置、一条铁路专用线等。当工程建成，经有关部门验收鉴定合格，正式移交投入生产时，即应计算新增生产能力。

指标 2.341　政策性住房

按照建设项目的相关批复文件确定，政策性住房指政府在对中低收入家庭实行分类保障过程中所提供的限定供应对象、建设标准、销售价格或租金标准，具有社会保障性质的住房，包括限价商品住房、经济适用住房、廉租房以及政策性租赁住房等。只统计新建政策性住房，购置转租和资金补贴部分不统计。

指标 2.342　廉租房

按照建设项目的相关批复文件确定，廉租房指政府以租金补贴或实物配租的方式，向符合城镇居民最低收入标准且住房困难的家庭提供的社会保障性质的住房。廉租房只能出租给城镇居民中最低收入者，不能出售。只统计新建廉租房，购置转租和资金补贴部分不统计。

指标 2.343　限价房

按照建设项目的相关批复文件规定，限价房指政府采取招标、拍卖、挂牌方式出让商品住房用地时，提出限制销售价格、住房套型面积和销售对象等要求，由建设单位通过公开竞争方式取得土地，进行开发建设和定向销售的普通商品住房。

2. 报表格式

固定资产投资项目基本情况（201 – 6 表），见附表 1 – 13。

（八）景气调查统计

1. 指标解析

指标 2.344　生产量（01）

生产量指企业报告期内生产的符合产品质量要求的主要产品的实物数量。

指标 2.345　产品订货（02）

产品订货指企业根据报告期内正式签订的订货、供货合同计算出的主要产品的订货数量。对于自建销售网点的企业，订货量要包括各销售网点向企业生产总部申请的要

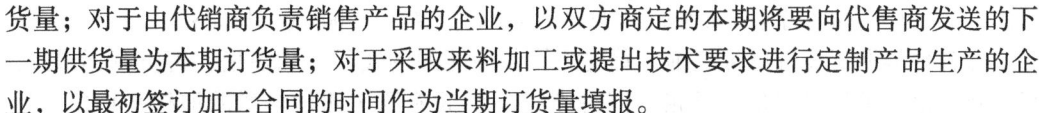

货量；对于由代销商负责销售产品的企业，以双方商定的本期将要向代售商发送的下一期供货量为本期订货量；对于采取来料加工或提出技术要求进行定制产品生产的企业，以最初签订加工合同的时间作为当期订货量填报。

指标2.346 出口订货（021）

出口订货指企业报告期内主要产品订货数量中用于出口的部分。

指标2.347 现有订货（03）

现有订货指企业报告期末累计现存的产品订货数量，也就是说到报告期末止企业仍未兑现的订货数量，即所有订货量扣除已执行完的订货数量和中途取消的订货合同的订货量，还有多少没有执行的订货数量。

指标2.348 产成品库存（04）

产成品库存指企业报告期末已经生产并验收入库但尚未售出的主要产品的产成品库存的实物数量。

指标2.349 采购量（05）

采购量指企业报告期内购进的主要原材料（包括零部件）的实物数量。

指标2.350 进口（051）

进口指企业报告期内进口的主要原材料（包括零部件）的实物数量。

指标2.351 购进价格（06）

购进价格指企业报告期内购进的主要原材料（包括零部件）价格的简单平均水平。

指标2.352 主要原材料库存（07）

主要原材料库存指企业报告期末已经购进并登记入库但尚未使用的主要原材料的实物数量。

指标2.353 生产经营人员（08）

此项指企业报告期末主要生产经营人员的数量。

指标2.354 供应商配送时间（09）

此项指企业报告期内主要供应商的交货时间。

2. 报表格式

制造业采购经理调查问卷（N241表），见附表1－14。

（九）能源统计

1. 指标解析

指标2.355 标准煤

标准煤指计算能源总量的一种模拟的综合计算单位。在能源使用中主要利用它的热能，因此，习惯上都采用热量来作为能源的共同换算标准。由于煤、油、气等各种燃料质量不同，所含热值不同，为了便于对各种能源进行计算、对比和分析，必须统一折合成标准燃料。我国用能以煤为主，采用标准煤为计算基准，即将各种能源按其发热量折算为标准煤。我国规定每千克标准煤的热值为7 000千卡。

指标2.356 折标系数

折标系数即折标准煤系数。

折标准煤系数 = 某种能源实际热值（千卡/千克）÷ 7000（千卡/千克）

在各种能源折算标准煤之前，首先测算各种能源的实际平均热值，再折算标准煤。平均热值也称平均发热量，是指不同种类或品种的能源实测发热量的加权平均值。计算公式为：

平均热值（千卡/千克）=（∑某种能源实测低位发热量 × 该能源数量）÷ 能源总量（吨）

采用折标系数的填报原则：有实测热值的企业，采用折标系数按照实测平均低位热值计算填报，没有实测热值的企业，采用折标系数按照参考折标系数填报。供热和发电企业必须按实测平均低位热值计算折标系数。

指标 2.357　能源库存量

本项指企业在报告期的某时间点尚未消费，在原材料、能源供应仓库（或场地）中实际结存的库存量。根据工业企业的生产经营活动性质，工业企业库存量分为生产企业产成品库存、使用企业用于消费的库存。

库存量的核算原则：

（1）时点性原则。库存量是指企业在报告期的某时间点所拥有的各种能源数量，所以必须按照制度所规定的时间点盘点库存，不得提前或推后。

（2）实际数量原则。企业在库存盘点后，可能出现账面数字与实际库存数量不一致的现象，在这种情况下，应以盘点数量为准来调整账面数字，差额做盘盈或盘亏处理。

库存量的核算，以验收合格、办理完入库手续为准，未经验收或不合格的，不能计入库存。能源使用企业用于消费的库存按照能源的使用权原则统计。

企业用于消费的库存的统计范围主要是：

（1）凡是本单位有权支配的，不论来源（自行采购的、借用的、外单位拨来的等），也不论存放在什么地方（总库、分库、车间、工地、本单位之外的其他地方等），均应统计在本单位的库存量中；

（2）在统计时点上尚未投入消费的，包括车间、工地、班组从仓库已领取但尚未投入第一道生产工序的（应办理假退料手续）；

（3）外单位来料加工或自外单位借入的，在报告期末尚未消费的；

（4）已决定外调（卖出、借出、捐赠等），但尚未办理出库手续的；

（5）委托外单位代保管的；

（6）不属于正常周转库存的超出积压或特准储备、战略储备；

（7）清点盘库时查出属于账外的。

企业用于消费的库存不包括：

（1）已拨交外单位委托加工的；

（2）已外调（借出、捐赠等），已经办理出库手续的；

（3）供货单位错发到本单位的；

（4）代外单位保管的；

（5）已查实确属损失或丢失的；

（6）已付货款，但还在运输途中的；

（7）已运到本单位，但尚未办理或尚未办完验收入库手续的；

（8）使用IC卡购买能源（电力、热力、汽油、柴油等）的企业的卡内余额。

指标2.358 购进量

购进量指企业在报告期内外购的、用于本企业消费的各种一次能源和二次能源。

购进量的核算原则是：

（1）计算购进量的能源必须具备以下三个条件：一是已实际到达本单位；二是经过验收、检验；三是办理完入库手续。但是，在未办理完入库手续前，已经投入使用的，要计算在购进量中；使用多少，计算多少。

（2）"谁购进，谁统计"。凡属本单位实际购进的，符合上述原则，不论从何处购进，均应计算在内，包括作价购进的加工来料。

凡属本报告期实际购进的，办理完入库手续，即计算购进量；什么时间办理入库手续，什么时间计算购进量。

根据以上原则，下述情况不能计算在购进量内：

（1）供货单位已发货，但尚未运到本单位，即使已经付款；

（2）货已运到本单位，但尚未办理验收、入库手续的；

（3）经验收发现的亏吨（按验收后的实际数量计算购进量）；

（4）借入的，自产自用的，车间、工地上年领用今年退回的，以及加工来料（作价的除外）。

统计购进量要注意：

使用IC卡购买能源（电力、天然气、汽油、柴油等）的企业，不能简单地将购进量全部计入，应视消费情况而定，若购进的能源报告期全部消费，则购进量全部计入；若购进的能源报告期未全部消费，则购进量只计算消费的部分，用购进单价和消费量计算购进量金额（汽油、柴油的消费金额可按IC卡对账单上的消费金额填报）。

指标2.359 购进金额

购进金额指本单位在报告期实际购进的、已办理验收入库手续的各种一次能源和二次能源的金额。其金额以购货发票上的总金额（含增值税）计算，统计原则、范围与购进量相同。

统计购进量金额要注意：

（1）价值量指标要与实物量指标相一致，即计算实物量的，亦计算价值量，反之亦然；

（2）已验收入库尚未结算，购货发票未到，购进量以实际验收数量计算，购进量金额以货物的上期平均价或合同价格乘购进量计算，待结算后再做调整；

（3）实物量与价值量之一，如不够一个计量单位，两者都不填报，待以后两者都达到一个计量单位时，再同时填报；

（4）购进量金额不应包括运费和装卸费用。

指标 2.360　能源消费量

能源消费量指调查单位在报告期内实际消费的一次能源或二次能源的数量。就每种能源的实物消耗而言，是其消费量，将实际消费的各种能源折标准量相加所得到的能源消费量合计数据是企业投入消费的全部能源，没有扣除能源品种加工转换的重复因素。它是报告期内工业企业和其下属的产业活动单位在生产经营管理过程中作为燃料、动力、原料、辅助材料使用的能源以及工艺用能、非生产用能。有能源加工转换活动的企业，还要包括能源加工转换的投入量。具体包括：

（1）用于本企业产品生产、工业性作业和其他生产性活动的能源；

（2）用于技术更新改造措施、新技术研究和新产品试制以及科学试验等方面的能源；

（3）用于经营维修、建筑及设备大修理、机电设备和交通运输工具等方面的能源；

（4）用于劳动保护的能源；

（5）生产交通运输工具的企业（如造船厂、汽车制造厂），向成品轮船、汽车中添加动力用油，应算作企业的能源消费，但不作为工业生产消费，应作为非工业生产消费和交通运输工具消费；

（6）其他非生产消费的能源。

不包括：

（1）由仓库发到车间，但在报告期最后一天没有消费的能源。这部分能源应在办理假退料手续后计入库存量；

（2）拨到外单位，委托外单位加工用的能源；

（3）调出本单位或借给外单位的能源；

（4）企业所属的法人单位的用能；

（5）企业为居民住宅区（包括所属家属区）或其他单位转供的各种能源；

（6）企业对外销售的能源。

指标 2.361　工业生产消费

此项指工业企业在报告期内为进行工业生产活动所使用的能源，包括生产系统、辅助生产系统、附属生产系统用能。生产系统用能是指企业的生产车间用能；辅助生产系统用能是指动力、供电、机修、供水、供风、采暖、制冷、仪表以及厂内原料场等辅助设施用能；附属生产系统用能是指生产指挥系统（厂部）、各管理部门和厂区内为生产服务的部门和单位（如不对外经营的食堂、车队、浴室等）消耗的能源。其主要包括：

（1）用于本企业产品生产、工业性作业的能源，包括用作原料、材料、燃料、动力；有能源加工转换活动的企业，还包括用作加工转换的能源；

（2）产品生产过程中作为辅助材料使用的能源；

（3）生产工艺过程使用的能源；

（4）新技术研究、新产品试制、科学试验使用的能源；

（5）生产区内的劳动保护用能等；

（6）其他辅助生产系统和附属生产系统用能。

指标2.362 非工业生产消费

此项指工业企业内部不从事工业生产活动、有对外经营活动的部门（食堂、浴室、车队等）或本企业下属的不从事工业生产活动的产业活动单位用能。企业的基建、厂房维修用能；向居民住宅区（包括所属家属区）或其他单位供暖的燃料费（若无法分出使用量则计入工业生产消费）；生产交通运输工具的企业（如造船厂、汽车制造厂），向成品轮船、汽车中添加动力用油，都应算作企业的非工业生产消费。

指标2.363 运输工具消费

此项指在厂区内、外进行交通运输活动的交通运输工具所消费的能源。生产交通运输工具的企业（如造船厂、汽车制造厂），向成品轮船、汽车中添加动力用油，应作为交通运输工具消费。如果工业企业所属的车队是独立核算的法人企业，其消费的能源既不能包括在"消费量合计"中，亦不能包括在"运输工具消费"中，它的消费应为交通运输业企业消费。

指标2.364 用于原材料消费

此项指能源产品不做能源使用，即不做燃料、动力使用，而作为生产另外一种产品（非能源产品）的原料或作为辅助材料使用（如洗涤用的汽油、煤油、柴油；做溶剂使用的能源等），做原料使用时通常构成这种产品的实体。它与用作加工、转换的区别是：用作加工、转换，投入的是能源，产出的主要产品还是能源（或产出的产品属于加工、转换过程中产生的不做能源使用的其他副产品和关联产品）。而用作原材料时，投入的是能源，产出的主要产品却是能源范畴以外的产品，包括产出的某种产品在广义上可以用作能源（比如可以燃烧以提供热量），但通常意义上不做能源使用的产品。能源加工转换中的投入量，不属于用作原料消费。

指标2.365 综合能源消费量

此项指报告期内工业企业在工业生产活动中实际消费的各种能源的总和净值。它是工业生产用的各种能源折标准煤后进行汇总，并扣除本企业能源加工转换产出的能源折标准煤的汇总量和回收利用的能源折标准煤的汇总量。其计算公式如下：

综合能源消费量＝工业生产消费能源合计－加工转换产出能源合计－回收利用能源合计

指标2.366 电力的消费

工业企业在报告期内实际用电的数量。电的消费量以万千瓦时（万度）计算，可以通过电表取得，也可根据电力供应部门的交费单据取得，若不具备以上条件，也可以通过电费除以电价计算出电的消费量。

利用《北京电力公司用电客户电费交费单》计算电力消费量：

电力消费电量＝总表"抄见电量"＋"加减变线损"＝尖峰电量＋峰段电量＋平段电量＋谷段电量

2. 报表表式

工业企业能源购进、消费及库存（B105－3），见附表1－15表。

第二节　规模以下工业统计报表

一、概述

（一）统计内容

本报表制度的主要内容包括工业法人单位及全部个体工业经营户的基本情况、主要经济指标情况和能源消费情况等。

（二）统计对象

本报表制度的统计对象为从事工业生产经营活动的法人单位和个体工业经营户。工业生产经营活动主要包括对自然资源的开采，对农副产品和采掘品的加工、再加工，对工业品的修理、翻新等生产经营活动。具体指《国民经济行业分类》（GB/T4754—2002）中属于"B 采矿业，C 制造业，D 电力、燃气及水的生产供应业"三个行业门类的活动。

法人单位是指同时具备以下条件的单位：

（1）依法成立，有自己的名称、组织机构和场所，能够独立承担民事责任；

（2）独立拥有和使用（或授权使用）资产，承担负债，有权与其他单位签订合同；

（3）会计上独立核算，能够编制资产负债表。

个体工业经营户是指生产资料归劳动者个人所有，以个体劳动为基础，从事工业生产活动，劳动成果归劳动者个人占有和支配的一种经营单位。包括以下几种情况：

（1）按照《民法通则》和《城乡个体工商户管理暂行条例》规定经各级工商行政管理机关登记注册、领取《营业执照》的个体工业户。具体是指公民在法律允许范围内，依法经核准登记，从事工业活动的个体劳动者。

（2）没有领取《营业执照》但实际从事工业生产活动的城镇、农村个体经营单位。

（三）统计范围

本报表制度的统计范围为规模以下工业，即年主营业务收入 500 万元以下的工业法人单位和全部个体工业经营户。

个体工业经营户统计范围不包括的活动有以下几种：

（1）农民家庭以从事农业为主，以辅助劳力或利用农闲时间进行的一些工业生产活动或其他生产活动，如竹藤棕草编织、毛衣、手套、塑料提蓝编织、挑花、刺绣、抽纱、刷纸等，属农民家庭兼营工业。

（2）农村中的一些经营活动，如养蜂、养鸡、养鸭、养猪、养鹅、生豆芽、养蘑菇、养蚕、养鱼、炕房、烘房、孵坊、采种、育苗等，不论其单位名称如何，均属相应的农业、畜牧业、林业、渔业。

（3）农村中一些从事流动性上门干活的工匠，如木匠、篾匠、弹花、缝纫、油漆匠等，还有从事流动性的服务作业，如走街串巷、逢场赶集、赶会的屠宰户及临时性的豆制品加工等。

（4）从事生活用品修理的单位，如钟表、钢笔、自行车、衣服、鞋、帽、日用小五金、黑白铁、铝制品、缝纫机和家用电器的修理等。

（5）一些商店和饮食店以及一些小商小贩和饮食摊点，它们以商业、饮食业为主，同时也生产加工一些产品，产品直接向消费者出售。如豆腐店出售自己生产的豆腐、肉店购进活猪自己屠宰，玻璃油漆店自己加工的玻璃制品，粮店加工零售挂面、面条、面包，饮食店自产自销一些面包、糕点等。

（6）洗染、照相、裱糊、刻图章等单位。

主要报表具体统计范围详见附件一。

（四）统计原则

本报表制度严格执行"法人经营地"统计原则，即各法人单位按照实际生产经营地（办公地）向所在地政府统计机构报送统计数据；产业活动单位由其归属法人单位进行统计；若一个法人单位有两个或两个以上经营地（办公地）的，按法人总部所在地上报统计数据；个体工业经营户按照"经营地"原则向所在地统计机构报送统计数据。

（五）具体要求

（1）为满足国家和北京市经济管理的需要，确保统计资料按时汇总上报，各单位要严格遵守本报表制度规定的统计数据报送时间，遇节假日一律不顺延。

（2）按照新《统计法》的要求，为保障统计源头数据质量，做到数出有据，各调查单位应当设置原始记录、统计台账，建立健全统计资料的审核、签署、交接、归档等管理制度。统计台账是指可以体现调查单位上报的统计数据与调查单位生产经营过程中产生的原始记录之间数据来源关系的文档资料。各调查单位可以使用统计部门提供的统计台账，也可以根据本单位具体情况自行设计。

（3）本报表制度采用全市统一的统计分类标准和编码，各单位必须严格执行，不得自行更改。

（4）上报内容必须完整，不得遗漏项目，包括单位负责人、统计负责人、填表人、联系电话、报出日期等。

（5）报送方式由各区县统计机构确定。

（6）各单位有义务完成各级政府统计机构布置的其他统计调查任务。

（六）调查表式概述

本报表制度共有报表6个，年报及定报各3个。年报有工业企业样本调查表、个体工业调查表、规模以下工业主要产品产量；定报有工业企业样本调查表、个体工业调查表、规模以下工业主要能源产品产量。本书主要介绍年报部分工业企业样本调查表和个体工业调查表两个报表的编制。

二、主要报表编制

（一）主要指标解析

指标3.1　企业（单位）详细名称

企业（单位）详细名称指工商行政管理部门注册登记的名称。未经工商管理部门注册的工业企业（单位），填写主要经营活动名称。

指标3.2　组织机构代码

组织机构代码由八位无属性的数字和一位校验码组成，按技术监督部门颁发的代码证书上的代码填写。未领取国家统一代码或不属于国家统一代码范围的企业，一律使用各级统计部门赋予的临时代码。

指标3.3　行业类别代码

根据其从事的社会经济活动性质对工业企业或个体经营工业户进行分类。填写均按照《国民经济行业分类》（GB/T4754—2002）的小类代码填写。主要业务活动（或主要产品）由企业或个体经营工业户填写。行业类别代码由各区县根据所填的主要业务活动（或主要产品）名称对照《国民经济行业分类》（GB/T4754—2002）填写该企业或个体经营工业户的行业小类代码。

指标3.4　区划代码

根据《统计用区划代码和城乡划分代码库》（简称《代码库》）填写。区划代码共有12位阿拉伯数字，分为三段。第一段为6位数字，表示县及县以上的行政区划；第二段为3位数字，表示街道、镇和乡；第三段为3位数字，表示居民委员会或村民委员会。

指标3.5　企业创建年份

企业创建年份指企业第一次工商登记注册后开始生产经营的那一年。改名、改制企业按原企业开业年份填写。

指标3.6　企业分类标识

对于此项，从目录企业抽样框中抽取的样本企业为目录企业；从抽中的行政村（村委会）中核对出来的、建立抽样框后新生或遗漏的企业为非目录企业。

指标3.7　期末从业人员

此项指在报告期末在企业或个体经营工业户工作，并取得劳动报酬的全部人员数。包括经营者、参加生产经营活动的家庭成员、职工、再就业的离退休人员以及在本单位中工作的其他人员。

指标3.8　工业总产值

工业总产值指以货币形式表现的，工业企业或个体经营工业户在报告期内生产的工业最终产品或提供工业性服务的总价值量。

具体内容包括以下几部分：

（1）本年生产成品价值。本年生产并在报告期内不再进行加工，经检验、包装入库的已经销售和准备销售的全部工业成品（半成品）价值合计，包括企业自制设备及提供给本企业在建工程、其他非工业部门和生活福利部门等单位使用的成品价值。生产成品价值按自备原材料生产的产品产量乘以本期不含增值税（销项税额）的产品实际销售平均单价计算，会计核算中按成本价格转账的自制设备和成品，按成本价格计算生产成品价值。生产成品价值中不包括用订货者来料加工的成品（半成品）价值。

（2）对外加工费收入。报告期内完成的对外承做工业品加工（包括用订货者来料加工产品）的加工费收入和对外工业品修理作业所收取的加工费收入，按不含增值税（销项税额）的价格计算。对于以对外加工生产为主，对外加工费收入所占比重较大的企业，如果对外加工费收入出现跨年度支付的情况，即本年应收取的对外加工费收入没有计入本年会计科目中，而是转到下一年实际收取时，计入了下一年的会计科目，或者相反，本年对外加工费收入中包括了实际应为上一年收取的加工费收入时，为保证指标计算口径的一致性，则应将对外加工费收入按实际情况调整，填报本年应收取的对外加工费收入。

（3）自制半成品在产品期末期初差额价值。自制半成品和在产品报告期期末价值减去期初价值的差额。

调查表中的工业总产值资料若无法取得，企业用主营业务收入代替，个体经营工业单位用营业收入代替。

指标3.9　营业收入

营业收入指企业（单位）在报告期内从事销售商品、提供劳务及转让资产使用权等日常活动中所形成的总收入，包括主营业务收入和其他业务收入。根据会计"利润表"中对应指标计算填列。

指标3.10　主营业务收入（产品销售收入）

主营业务收入指企业在报告期内销售产品和提供工业性劳务等主要经营业务取得的收入总额。根据会计"利润表"中对应指标的本年累计数填列。未执行2001年《企业会计制度》的企业，用"产品销售收入"的本期累计数代替。

指标3.11　税金总额

税金企业报告期内应缴纳的各种税金总和，包括产品销售税金及附加（城市维护建设税、消费税、资源税、营业税和教育费附加）、增值税、所得税、房产税、印花税、车船使用税和土地使用税等。

指标3.12　应交所得税

企业按税法规定，应从生产经营等活动的所得中缴纳的税金。根据会计"利润表"中的对应指标的本期累计数填列。

指标3.13　主营业务税金及附加

此项指企业经营主要业务应负担的营业税、城市维护建设税、消费税、资源税、土地增值税和教育费附加等。根据会计"利润表"中对应指标的本期累计数填列。未执行2001年企业会计制度的企业，用"产品销售税金及附加"的本期累计数代替。

指标3.14　税金（管理费用中）

本项指企业纳入"管理费用"中的各项税金合计。

指标 3.15 应交增值税

本项指企业按税法规定，从事货物销售或提供加工、修理修配劳务等增加货物价值的活动本期应缴纳的税金。指企业在报告期应交增值税额。计算公式为：

$$应交增值税 = 销项税额 -（进项税额 - 进项税额转出）$$
$$- 出口抵减内销产品应纳税额 - 减免税款 + 出口退税$$

指标 3.16 营业利润

本项指企业进行生产经营活动所实现的利润，根据会计"损益表"中"营业利润"项的本年累计数填报。计算公式为：

$$营业利润 = 销售收入 - 产品销售成本 - 产品销售费用 - 产品销售税金及附加 +$$
$$其他业务利润 - 管理费用 - 财务费用$$

指标 3.17 工资及福利

此项指报告期内劳动者因从事生产活动从生产单位得到的各种形式的报酬总和。有两种基本形式：一是货币工资及收入，包括企业支付给劳动者的工资总额、薪金、奖金、各种津贴和补贴；二是实物收入，包括企业以免费或低于成本价提供给劳动者的各种物质产品和服务，也包括员工得到的免费吃住的折价收入。

本项可根据会计资料分析归纳取得：工资指应付工资本期贷方累计发生额，福利费指应付福利费本期贷方累计发生额。

指标 3.18 社会保险费

社会保险费指本期企业为劳动者个人支付的社会保险费金额，具体包括生产单位向政府和保险部门支付的基本养老、医疗、失业、人身、家庭财产等保险费。

本项可根据会计资料分析归纳取得：保险费根据会计管理费用明细表中的劳动保险、失业保险费等取得。

指标 3.19 固定资产折旧

固定资产折旧指固定资产在使用过程由于有形或无形损耗而转移到产品成本的价值，按固定资产原值和规定的折旧率计提（算），根据会计表中"固定资产折旧"项"金额"一栏取得。

指标 3.20 生产支出

生产支出指个体经营工业单位在工业生产活动中所消耗的原材料、燃料、动力、服务等费用。具体包括材料费、水电费、租赁费、邮电费、修理费、运输费、包装费等。但不包括支付给雇工的工资报酬、上交的税金及购置固定资产支出。

指标 3.21 资产总计

资产总计指企业或个体经营工业单位拥有或控制的能以货币计量的经济资源。包括各种财产、债权和其他权利。资产按其流动性划分为流动资产、固定资产、长期投资、无形及递延资产和其他资产。

（1）流动资产指可以在一年内或者超过一年的一个生产周期内变现或耗用的资产合计。包括现金及各种存款、短期投资、应收及预付款项、存货等。

（2）固定资产指固定资产净值、固定资产清理、在建工程、待处理固定资产损失所占用的资金合计。

（3）无形资产指长期使用而没有实物形态的资产。包括专利权、非专利技术、商标权、著作权、土地使用权、商誉等。

指标3.22 固定资产原价

在建造、购置、安装、改建、扩建、技术改造某项固定资产时所支出的全部货币总额。它一般包括买价、包装费、运杂费和安装费等。

指标3.23 固定资产净值

固定资产净值指固定资产原价减去历年已提折旧额后的净额。

指标3.24 应收账款

应收账款指到本报告期末止，企业因销售商品、产品、提供劳务等，应向购货单位或接受劳务单位收取款项。该指标根据会计"资产负债表"中"应收账款"项的期末数填报。未执行2001年《企业会计制度》的企业，用"应收账款净额"期末数代替。

指标3.25 应付账款

根据本报告期末，会计"资产负债表"中的"应付账款"的贷方余额填报。

指标3.26 利息支出

利息支出指本报告期企业在生产经营期间利息支出扣除利息收入后的净额。根据会计"财务费用"科目归纳计算本期累计数填列。

指标3.27 银行借款利息

银行借款利息指本报告期企业向银行、信用社等金融机构支付的利息。

指标3.28 民间借款利息

民间借款利息指企业为生产经营发生的民间借款（非银行、非金融机构借款）所支付的、本报告期应实际分摊的利息额。

指标3.29 能源消费量

能源消费量指能源使用单位在报告期内实际消费的一次能源或二次能源的数量。

能源消费量统计的原则是：

（1）谁消费、谁统计。即不论其所有权的归属，由哪个单位消费，就由哪个单位统计其消费量。

（2）何时投入使用，何时计算消费量。企业的能源消费，在时间、工艺界限上，以投入第一道生产工序为标志，即投入第一道生产工序就计算消费；何时投入第一道生产工序，何时计算消费量。

（3）消费量只能计算一次。即在第一次投入使用时，计算其消费量。对于反复循环使用的能源，消费量不得重复计算，如余热、余能的回收利用。

（4）耗能工质（如水、氧气、压缩空气等），不论是外购的还是自产自用的，均不统计在能源消费量中（计算单位产品能耗时除外）。

（5）企业自产的能源，凡作为企业生产另一种产品的原材料、燃料，又分别计算产量的，消费量要统计，如煤矿用原煤生产洗煤，炼焦厂用焦炭生产煤气，炼油厂用燃料油发电等。但产品生产过程中消费的半成品和中间产品，不统计消费量，如炼油厂用原油生产出燃料油后，又用燃料油生产其他产品，在这种情况下，如果燃料油不计算产量，那么作为中间产品的燃料油也不计算消费量（如果燃料油计算产量，那么也要计算消费量）。

工业企业的能源消费量包括工业企业在生产过程中作为燃料、动力、原料、辅助材料使用的能源以及工艺用能、非生产用能。作为能源加工转换企业，还要包括能源加工转换的投入量。具体包括：

（1）用于本企业产品生产、工业性作业和其他生产性活动的能源；

（2）用于技术更新改造措施、新技术研究和新产品试制以及科学试验等方面的能源；

（3）用于经营维修、建筑及设备大修理、机电设备和交通运输工具等方面的能源；

（4）用于劳动保护的能源；

（5）其他非生产消费的能源。

不包括：

（1）由仓库发到车间，但在报告期最后一天没有消费的能源。这部分能源应在办理假退料手续后计入库存量。

（2）回收利用的余热、余能。

（3）拨到外单位，委托外单位加工用的能源。

（4）调出本单位或借给外单位的能源。

（二）报表表式

（1）工业企业样本调查表（B111表），见附表1-16。

（2）个体工业调查表（B114表），见附表1-17。

第三节　其他行业统计报表编制

按照报表类别的行业分类标准，报表类别共分为以下八类：（1）农业（A）；（2）工业（B）；（3）建筑业（C）；（4）运输邮电业（D）；（5）批发和零售业、住宿和餐饮业（E）；（6）服务业（F）；（7）金融业（G）；（8）房地产业（H）。不同行业的报表既有特殊的部分，也有共同的部分。共同部分表名、报表内容以及报表格式都基本相同。在工业企业统计报表编制中，我们已对九大类别的主要报表做了全面介绍，因此本节仅对批发和零售业、住宿和餐饮业的报表做个别介绍。

一、商品交易市场基本情况（101-4表）

（一）指标解析

指标4.1　商品交易市场

经有关部门和组织批准设立，有固定场所、设施，有经营管理部门和监管人员，若干市场经营者人内，常年或实际开业三个月以上，集中、公开、独立地进行生活消费品、生产资料等现货商品交易以及提供相关服务的交易场所，包括各类消费品市场、生产资料市场等。

指标4.2　市场编码

本表市场编码共9位，前6位为行政区划代码，后3位为顺序码，由统计机构填写。

顺序码由统计机构统一编制。

指标4.3　市场规模

根据市场规模大小对市场进行分类。

（1）亿元以上市场指年成交额在亿元及以上的现货商品交易市场。

（2）亿元以下市场指年成交额在亿元以下的现货商品交易市场。

指标4.4　市场详细名称（01）

按工商部门登记（或其他有关部门批准）的名称填写，要求使用规范化汉字填写。如果市场管理机构单位的法定名称（单位公章所使用的名称）与市场挂牌名称不同，应同时用括号注明市场管理机构单位的法定名称。

指标4.5　市场管理机构组织机构代码（02）

本项指市场或市场开办单位的组织机构代码，或临时代码。

指标4.6　市场管理机构负责人（03）

市场管理机构负责人指根据章程或有关文件规定，代表该交易市场行使职权的负责人。是法人机构的填写法人代表姓名，不是法人机构的填写该交易市场管理机构的主要负责人姓名。

指标4.7　市场经营地详细地址（04）

本项指该交易市场实际所在地的详细地址。要求写明市场所在的省（自治区、直辖市）、地（区、市、州、盟）、县（区、市、旗）、乡（镇）以及具体街（村）的名称和详细的门牌号码。

指标4.8　区划代码（05）

本项指市场经营地所在地区12位区划代码，前6位为区县区划代码，7~9位是街道（乡镇）代码，10~12位为村（居）委会代码。

指标4.9　通信号码（06）

包括电话号码、传真号码和邮政编码。在填写电话号码和传真号码时，将号码以左顶齐方式从左向右填写在方框内，分机号码超过6位时，向方框外右面扩充。邮政编码按照中国邮电部门制定的统一编码填写。

指标4.10　经营环境（07）

经营环境指各市场经营场所具备的基本条件，分露天式、封闭式和其他。

（1）露天式指市场摊位完全在室外，或70%以上（含）的摊位在室外，包括柜台式市场和无设施市场。

（2）封闭式指市场摊位完全在室内（包括平房和楼房）。

（3）其他指上述以外的其他经营环境的交易市场。

指标4.11 营业状态（08）

营业状态按照市场营业时间的连续性划分为常年营业、季节性和其他三种状态。

（1）常年性营业指不受季节、时间等因素的影响，全年均营业的市场。

（2）季节性营业指营业受季节因素影响，全年间断营业的市场，如旅游旺季营业的交易市场等。

（3）其他指上述以外的其他营业状态的交易市场。

指标4.12 经营方式（09）

经营方式指市场直接从事商品流通的买卖形式，包括批发和零售两种方式。

（1）批发（或以批发为主）指专门从事批发业务活动或以批发业务为主的交易市场。

（2）零售（或以零售为主）指专门从事零售业务活动，并直接向城乡居民销售日用消费品、农产品和农业生产资料的零售市场，或以零售业务为主，同时兼批发业务的交易市场。

指标4.13 开业时间（10）

开业时间指市场正式开业的具体时间。

指标4.14 市场地理位置（11）

市场地理位置指市场所处区域。

指标4.15 市场规模指标（12）

（1）市场营业面积（121）指市场经营场地、仓库等营业用建筑面积，不包括为市场经营服务的办公室和附设的旅馆、招待所、餐馆、停车场等的面积。按报告期末实际面积统计。

（2）总摊位数（市场摊位容量）（122）指报告期末市场内设立的摊位总数。

（3）市场出租摊位数（123）指报告期末市场实际出租的摊位数。

（4）个体户承租摊位数（124）指报告期末出租给个体经营户的摊位数。

指标4.16 市场类别（13）

商品交易市场类别按经营商品的类别进行分类，包括综合市场和专业市场两大类，每大类又分为若干小类。填写市场类别时要求按照主营商品的类别将市场归属于某一类（选择的类别是唯一的）。具体参见《商品交易市场类别目录》。

（二）报表格式

商品交易市场基本情况（101-4表），见附表1-18。

二、住宿和餐饮业经营情况（E102-4表）

（一）指标解析

指标4.17 住宿业单位

住宿业单位指有偿为顾客提供临时住宿服务活动的单位（含法人单位、产业活动单位、个体经营户），如旅游饭店、宾馆、酒店和旅馆等。

指标4.18 餐饮业单位

餐饮业单位指在一定场所，专门从事对食物进行现场烹饪、调制，并出售给顾客主要供现场消费服务活动的单位（含法人单位、产业活动单位、个体经营户），如各种饭馆、中西餐厅、酒馆、茶馆和火车餐车、车站食堂、飞机场餐厅等。

住宿和餐饮业法人单位在填报经营情况报表时，应包括其所属全部住宿和餐饮业产业活动单位（分支机构，如分店）的相应数据，包括经营地在外省市的住宿和餐饮业产业活动单位。

指标4.19 营业额（01）

营业额指住宿和餐饮业单位在经营活动中因提供服务或销售商品等取得的全部收入，包括：客房收入、餐费收入、商品销售额（含增值税）和其他收入。不包括法人企业附营的其他行业产业活动单位的餐费收入、商品销售收入等各项收入。

指标4.20 客房收入（02）

客房收入指住宿和餐饮业单位在经营活动中因提供住宿服务取得的收入，不包括法人企业附营的其他行业产业活动单位的客房收入。

指标4.21 餐费收入（03）

餐费收入指住宿和餐饮业单位因为顾客提供就餐服务取得的收入，包括：经烹饪、调制加工后出售的各种食品，如主食、炒菜、凉拌菜等的收入，不包括法人企业附营的其他行业产业活动单位的餐费收入。

指标4.22 商品销售额（04）

商品销售额指住宿和餐饮业单位出售商品的销售总额（含增值税），不包括法人企业附营的其他行业产业活动单位的商品销售额。

指标4.23 其他收入（05）

其他收入指营业额中除客房收入、餐费收入、商品销售额（含增值税）以外的其他收入。

指标4.24 集团消费收入（06）

集团消费收入指住宿和餐饮单位直接对社会集团出售的各种酒水、饭菜及商品的收入。

指标4.25 持卡消费收入（07）

持卡消费收入指消费者（含集团）使用银行卡（包括外卡）支付消费的全部收入。

指标4.26 床位数

床位数指住宿和餐饮业单位供应旅客使用的床位数，不包括临时加的床位和宾馆、饭店、酒店、旅馆等内部工作人员使用的床位。该指标按报告期末的实有数统计。

指标4.27 餐位数

餐位数指住宿和餐饮业单位为顾客提供就餐服务时，正常可同时容纳就餐人员的餐位数量，不包括临时加的餐位。该指标按报告期末的实有数统计。

指标4.28 客房数

客房数指住宿和餐饮业单位提供住宿服务的房间数。该指标按年内正常情况下的实有数统计。

指标4.29　外地

在京法人单位所属在京外地区经营的产业活动单位。

（二）报表格式

住宿和餐饮业经营情况（E102 – 4 表），见附表 1 – 19。

第四章 企业内部统计报表编制

第一节 内部统计报表概述

一、概念、分类

企业内部统计报表（简称内部报表，下同）是为企业经营管理的需要而编制的、不对外公开的报表。企业因管理需要而编制的报表包括外部报表（上报国家的和对股东及公众发布的）和内部报表，更重要的是内部报表。

从报表内容及管理目的来看，我们把内部报表简单分为产销存报表、财务成本报表、辅助类报表三类。

二、内部报表的主要内容

为企业生产管理提供决策依据的（报表数据）可以是外部报表，也可以是内部报表。外部报表前面已做介绍，本篇只限于介绍外部报表以外的不公开的内部报表的编制。

外部报表的数据通常为描述性数据，内部报表出于管理目的的需要，通常侧重于评价性数据。

不同行业的内部报表差异可能较大，由于篇幅原因，本书仅以工业企业为例，选择有代表性的内部报表加以介绍。

出于对微观统计实务内容完整性和企业管理需要两个方面的考虑，本章主要对以下三大类，共十八个方面（表格）的内部报表加以介绍。

（一）产销存内部报表

1. 生产报表

（1）产量计划执行及劳动定额执行统计表（附表2－1）。

（2）增加值构成统计表（附表2－2）。

2. 销售报表

（1）产品销售结构及其变化表（附表2－3）。

（2）销售计划执行及销售值变化表（附表2－4）。

（3）销售渠道及其销售变化表（附表2－5）。

3. 其他

产销存、订货及其变化报表（附表2－6）。

（二）财务成本费用报表

1. 成本报表

（1）主要材料进销存及其变化表（附表2－7）。

（2）工业生产岗位耗用统计表（附表 2 - 8）。

（3）制造费用分配表（附表 2 - 9）。

（4）主要产品单位成本计算及其变化表（附表 2 - 10）。

（5）主要产品单位产品成本计划执行及其变动汇总统计表（附表 2 - 11）。

2. 费用报表

（1）工资计算表（附表 2 - 12）。

（2）税费及销售值对比变化表（附表 2 - 13）。

（3）各种费用控制报表（安排实训）。

3. 财务成果表

经济效益及其变化统计表（附表 2 - 14）。

（三）辅助类

（1）安全统计表（附表 2 - 15）。

（2）工资、劳动生产率及其变动统计表（附表 2 - 16）。

（3）产品质量统计表（附表 2 - 17）。

（4）企业年度研发经费统计表（附表 2 - 18）。

第二节　主要内部报表编制

一、产销存内部报表

（一）生产报表

1. 主要报表表式

（1）产量计划执行及劳动定额执行统计表，见附表 2 - 1。

该表分品种表和班组表两种格式。品种表主要反映产成品的计划完成情况；班组表主要反映产值的完成情况。该统计表还可用来考核各生产主体的绩效。

（2）增加值构成统计表，见附表 2 - 2。

该统计表的目的是用来反映工业增加值构成及其变化情况。工业增加值构成一般可按生产要素分配所得来计算。故本表的真正目的应该是反映各生产要素在初次分配所得的份额及其变化情况。

2. 主要指标解析

指标 5.1　投入劳动力

投入劳动力指在生产期内投入到产品生产的直接人员数，通常用平均数代表。分为计划投入和实际投入。

实际投入劳动力 =（期初直接生产人员数 + 期末直接生产人员数）÷2

指标 5.2　劳动定额

劳动定额指企业给生产人员（或班组）下达的一定时期内计划生产某种产品的数量或产值，它是计划的劳动生产率。

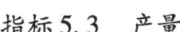

指标5.3　产量

产量指工业企业在本期内生产的并符合产品质量要求的实物数量。本表的产量包括商品量和自用量，还包括全部来料加工产量。在对外报表统计中，不结算来料价格只收取加工费的受托加工产品生产，要视委托方的企业性质来决定加工方是否需要统计产品产量，但在内部统计中为保证班组间的可比性，应包括全部产量。

产量分计划产量和实际产量。

$$计划产量 = 计划劳动力投入 \times 劳动定额$$

指标5.4　产值

产值指企业一定时期内所生产全部工业产品的价值，包括成品价值、对外加工产品内部价值和半成品在制品期末期初价值差额。在对外报表中，不结算来料价格只收取加工费的受托加工产品生产，只按实际收取加工费统计到本期产值中，但在内部统计中，为保证班组间的可比性，应按内部价格计算来料加工产品的价值。内部价格可以是同类自备料生产产品的价格。

指标5.5　劳动生产率

劳动生产率指生产者劳动生产率，是平均一个生产人员所生产的产品数量或价值。

$$劳动生产率 = 实际产量（产值）\div 实际劳动力投入$$

指标5.6　生产计划完成率

生产计划完成率指实际数与计划数之比，分产量（产值）计划完成率和劳动定额计划完成率。

$$产量（产值）计划完成率 = 实际产量（产值）\div 计划产量（产值）$$
$$劳动定额计划完成率 = 实际劳动生产率 \div 计划劳动定额$$

指标5.7　班组

班组指生产某些产品的最小生产单位，它可以是一个人或多个人。

指标5.8　工业增加值

参考1.104指标的解析。工业增加值的项目可以粗列或详列。

粗列应包括四大要素所得：折旧、劳动者报酬、生产税净额和营业盈余。

详列可包括折旧费、工资、福利费、劳动报酬、待业保险费、住房补贴、产品销售税金及附加、本期应交增值税、管理费用中的税金、营业盈余十项。

指标5.9　工业增加值项目构成

工业增加值项目构成就是每个项目的数值与工业增加值总数之比。

（二）销售报表

1. 主要报表表式

（1）销售品种结构及其变动统计表，见附表2－3。

本表用来反映企业主要产品的销售值的份额及其变化情况。

（2）销售计划执行及销售值变化表，见附表2－4。

本表分品种表和班组表。品种表用来反映各品种的销售计划完成情况；班组表用来反映各班组的销售计划完成情况。本表还可用来考核各销售主体的绩效。

（3）销售渠道及其销售变化表，见附表2-5。

本表用来反映各销售渠道的销售结构，及其变化趋势。

2. 主要指标解析

指标5.10 **工业销售值**

内部报表的工业销售值与对外报表的销售值有所不同。本表中的工业销售值只包括自备原料生产的产品对外销售的产品价值。

指标5.11 **工业销售值品种结构**

此项指各个品种销售额与全部品种销售额之比。当有非成品销售（半成品销售、工业性作业销售等）时，可单列其他。

指标5.12 **订货额**

订货额指本期新接订单的产品订货金额。

指标5.13 **订货品种结构**

本项指各个品种订货额与全部品种订货额之比。当有非成品订货时，可单列其他。

指标5.14 **工业品销量**

本表的工业品销量只包括自备原料生产的产品的销售量。

指标5.15 **销售计划完成率**

本项指实际数与计划数之比。它可以是销量的计划完成率，也可以是销售值的计划完成率。分班组统计时应使用后者。

指标5.16 **销售渠道**

销售渠道指商品和服务从生产者向消费者转移过程的具体通道或路径。每个企业的产品销售途径有所不同，因此本表的渠道栏目也因企业的不同而不同。

（三）其他

1. 主要报表表式

产销存、订货及其变化报表，见附表2-6。

本表用来反映企业主要产品的生产量、销售量、库存量、订货量等指标的变化情况。

2. 主要指标解析

指标5.17 **比上月**

本项等于本月（期）指标值除上月（期）指标值。

指标5.18 **比上年**

本项等于本年累计值除上年同期累计值。

指标5.19 **库存量**

参考第二章的1.8指标解析。

指标5.20 **销售量及其他**

销售量，参考5.14指标解析；其他，是指其他减少量，包括自用或耗损等。

二、财务成本报表

（一）成本

1. 主要报表表式

（1）主要材料进销存及其变化报表，见附表2－7。

本表的主要目的包括：

①反映主要材料品种的购进、库存的数量，以及购进价格的变化情况；

②发出材料平均价格计算。

（2）工业生产岗位消耗统计表，见附表2－8。

本表的目的是准确计算某种产品当月耗用各种原材料的数量以及金额。

（3）制造费用分配表，见附表2－9。

本表用来计算各种产品应分摊的制造费用。

（4）主要产品单位成本计算及其变化表，见附表2－10。

本表的主要目的包括：

①准确计算各种产品的单位成本；

②反映单位成本项目的构成；

③反映单位成本的变化。

（5）主要产品单位产品成本计划执行及其变动汇总统计表，见附表2－11。

本表除汇总"表2－10"的单位成本计算结果及其变化外，还可观察单位成本的计划执行情况。

2. 主要指标解析

指标5.21　材料期初库存和金额

本项参考上月报表或相关材料明细账填列。

指标5.22　材料本期购进的数量、单价、金额

本项按实际发生数填列，若存在同一品种的多次购进，则单价是本期购进的平均数（按加权算数平均计算）。

指标5.23　本期购进的比上月

本项指本期购进（平均）单价与上月购进（平均）单价之比。

指标5.24　耗用及卖出单价、期末库存单价

本项按加权算数平均数计算。

$$平均单价 = （期初金额 + 本期购进金额）÷（期初数量 + 本期购进数量）$$

指标5.25　耗用及卖出数量、金额

耗用及卖出数量按实际发生数填列。

$$耗用及卖出金额 = 耗用及卖出数量 × 平均单价$$

指标5.26　期末库存数量、金额

$$期末库存数量 = 期初数量 + 本期购进数量 - 本期耗用及卖出数量$$

$$期末库存金额 = 期初金额 + 本期购进金额 - 本期耗用及卖出金额$$

指标5.27 工业岗位

工业岗位指生产车间或生产工段,能够独立计算该岗位单位产品材料耗用的空间。如果一个企业有多个生产岗位,而每个岗位不能独立计算单位产品材料用量,则合并所有岗位为一个岗位。

指标5.28 上月岗位库存材料的数量及金额

本项根据上月报表填写。

指标5.29 本月领取材料数量

本项按实际领取数量填列。本月领取材料金额=本月领取材料数量×单价。单价取指标5.24的计算结果。

指标5.30 本月岗位结存材料的数量

本项按实际盘点结果填列。本月岗位结存材料金额=结存数量×单价。结存材料单价,一般按先进先出原则确定。通常期末库存材料数量较少,因而结存材料的单价就是本月领取材料的单价。

指标5.31 本月材料消耗数量及金额

本项采用倒算法计算。

$$本月消耗数量=期初数量+本月领取数量-本月岗位结存数量$$
$$本月消耗金额=期初金额+本月领取金额-本月岗位结存金额$$
$$本月消耗单价=本月消耗金额\div本月消耗数量$$

指标5.32 本月产量

工业企业在本月内生产的并符合产品质量要求的某品种实物数量(含对外加工产品产量),是指全部参与成本计算的合格品产量。

指标5.33 单位产品材料成本

$$单位产品材料成本=材料耗用总成本\div本期产量$$

指标5.34 直接材料

直接材料指企业在生产产品过程中所消耗的、直接用于产品生产并构成产品实体的原料及主要燃料和动力、包装物、外购半成品、修理用备件(备品配件)和其他直接材料。

指标5.35 直接人工

直接人工指企业在生产产品过程中,直接从事产品生产的工人工资、奖金、津贴和补贴,以及按生产工人工资总额和规定的比例计算提取的职工福利费。

指标5.36 制造费用

制造费用指企业各生产车间(或分厂,下同)为生产产品和提供劳务而发生的各项间接费用,包括生产车间管理人员的工资和福利费、折旧费、维修费、办公费、劳动保护费、季节性和修理期间的停工损失等,但不包括企业行政管理部门为组织和管理生产经营活动而发生的管理费用。制造费用是产品生产成本的重要组成部分,需要通过一定标准将其分配到各品种的生产成本中去。

指标5.37 制造费用的分配依据

本项指用来将制造费用分配到各品种生产成本中的参考物,通常有直接人工费和

直接生产工时两种。具体选择依各单位实际情况而定。

指标 5.38　制造费用分配率

若分配依据是直接人工费，则制造费用分配率就是每元人工费应分摊的制造费用；若分配依据是直接生产工时，则制造费用分配率就是每生产工时应分摊的制造费用。

指标 5.39　总成本

总成本指全部完工产品所耗费的各种投入，包括直接材料费、直接人工费和制造费。

指标 5.40　单位成本

单位成本指生产单位产品而平均耗费的成本。一般只要将总成本除以总产量便能得到，是将总成本按不同消耗水平摊给单位产品的费用，它反映同类产品的费用水平。

指标 5.41　成本项目构成

本项指三大成本项目（直接材料、直接人工和制造费用）分别占总成本的百分比。本月构成用本月数据计算；上月构成用上月数据计算，也可直接从上月相关报表中取得。

指标 5.42　计划单位成本

本项为期初管理层期望达到的目标。

指标 5.43　单位成本计划完成率

单位成本计划完成率＝本期实际单位成本÷本期计划单位成本

指标 5.44　单位成本比上月

本项指本月实际单位成本与上月实际单位成本的比较。

指标 5.45　单位成本比上年

本项指本月实际单位成本与上年同期实际单位成本的比较。

 【相关知识链接】　成本控制相关考核指标

1. 劳动效率考核指标

（1）单位产品工时计划完成率＝单位产品实际耗用工时÷单位产品工时定额；

（2）单位产品人工费计划完成率＝单位产品实际人工费÷单位产品人工费定额。

上式中的人工费一般是直接人工费，如果企业只生产一种产品，可以考虑加入间接人工费。

2. 材料消耗考核指标

（1）单位产品直接材料计划完成率＝单位产品实际耗用直接材料÷单位产品耗用材料定额；

（2）单位产品材料成本计划完成率＝单位产品实际耗用材料成本÷单位产品耗用材料费定额；

（3）原材料利用率＝产品中实际包含某种原材料数量÷生产该产品实际耗用该原材料数量，原材料损耗率＝1－原材料利用率。

3. 制造费考核指标

（1）单位产品制造费计划完成率＝单位产品实际制造费÷单位产品制造费定额；

（2）制造费节约（或浪费）额＝某种产品产量×（单位产品制造费计划完成率－1）。

该公式计算结果为负数时，表示节约；为正数时，表示浪费。

（二）费用

1. 主要报表表式

（1）工资计算表，见附表 2 - 12（1）、2 - 12（2）。

本表用来计算员工的应发工资及实发工资，同时为工资分配提供依据。

（2）税费与销售值对比及变化统计表，见附表 2 - 13。

本表既反映各项费用的计划执行情况，也反映费用项目占销售额百分比的变化。

2. 主要指标解析

指标 5.46　员工编号

本项按员工进公司时的编号填写。

指标 5.47　所属部门

本项指员工在企业内部的工作部门。

指标 5.48　实际出勤天数

本项指员工实际上班的天数。

指标 5.49　基本工资

根据员工学历、职称、资历及经验，本项由公司人事部门确定。

指标 5.50　岗位工资标准、考核工资标准

本项按照公司薪酬制度规定员工所在岗位的基本工资标准及通常奖励标准。两者一般按员工所在岗位的工作量、工作强度及责任大小来决定。

指标 5.51　岗位系数

岗位系数是特定岗位工作量与标准岗位工作量的比率，各种岗位的岗位系数出人事部门听取各方面意见后确定。

指标 5.52　考核系数

考核系数依据员工某个月的工作成绩好坏来评定，工作成绩好系数高（＞1），否则系数低（＜1）。通常由管理部门对照考核标准，逐月对员工进行评定。

指标 5.53　岗位工资

岗位工资指工从事某种岗位应给的基本工资。岗位工资＝岗位工资标准×岗位系数。

指标 5.54　考核工资

考核工资为员工工作完成情况的奖金。考核工资＝考核工资标准×考核系数。

指标 5.55　厂龄补贴

本项指公司对员工服务年限的补贴，通常由公司管理部门规定。

指标 5.56　加班费

本项按员工平均每天基本工资的两倍或三倍计算。

指标 5.57　扣考勤，包括迟到、请假和旷工扣款

请假扣款通常按员工平均每天基本工资的 1 倍计算，旷工扣款通常按员工平均每天基本工资的两倍扣罚，迟到扣款由管理部门规定。

指标 5.58　工资总额

分管理人员工资总额和计件人员工资总额。其计算如下：

管理人员工资总额 = 基本工资 + 岗位工资 + 考核工资 + 厂龄补贴 + 加班费 – 扣考勤

计件人员工资总额 = 基本工资 + 计件工资 + 夜餐费 + 厂龄补贴 + 加班费 – 扣考勤

指标 5.59　公积金、社保

本项按员工工资及国家政策确定每人每月的扣缴金额。

指标 5.60　扣房租水电

对租住公司宿舍员工，本项按其实际使用数乘以单价进行扣除。

指标 5.61　工会费、互助金等

本项根据公司规定进行扣除，再转到各费用专用账户。

指标 5.62　个人所得税

按照国家税法规定所扣除的个人所得所，由计税工资乘以税率来计算。个税税率通常为累进税率，因而个税可以通过以下快捷公式进行计算：

个人所得税 = 计税工资 × 最高税率 – 速算扣除

指标 5.63　应发工资、实发工资

应发工资是根据个人工资总额扣除各种国家政策要求的扣款和加上国家政策规定的税前补贴后员工所得到的工资。实发工资就是实际发放到员工手中的金额，等于应发工资减去各种扣款。

指标 5.64　计件工资

计件工资 = 产量 × 计件单价

产量就是各工序员工实际生产的生产量；计件单价是按公司薪酬制度规定员工所在岗位的产品生产的单位产品酬金。

指标 5.65　计税工资

计税工资 = 工资总额 – 社保费 – 住房公积金 – 个税基数

社保费和住房公积金均为个人应缴部分，不含单位支付数。

指标 5.66　营业成本

本项指主营业务成本与其他业务成本的合计。

指标 5.67　费用项目占销售值百分比

本项指本期成本费用项目的数值与本期销售值之比。此处的本期可以是月、季或年。其上期数、上年同期数可通过历史报表取得。

（三）财务成果

1. 主要报表表式

经济效益及其变化统计表，见附表 2 – 14。

本表用来观察企业经济效益的现状及其变化。

2. 主要指标解析

指标 5.68 总资产贡献率

见 1.99 指标解析。

指标 5.69 资本保值率

见 1.100 指标解析。

指标 5.70 资产负债率

见 1.101 指标解析。

指标 5.71 流动资产周转率

见 1.102 指标解析。

指标 5.72 全员劳动生产率

见 1.104 指标解析。

指标 5.73 销售利润率

本项指营业利润与营业收入之比。

指标 5.74 净资产收益率

本项指净利润与平均股东权益之比。

三、辅助类

(一) 主要报表表式

(1) 安全统计表，见附表 2－15。

本表用来反映企业安全生产情况。

(2) 工资变动及劳动生产率统计表，见附表 2－16。

本表既计算全员劳动生产率，又计算部门劳动生产率；既反映劳动生产率的变化，还反映平均工资的变化；主要目的还是观察平均工资和劳动生产率变化的快慢。

(3) 产品质量统计表，见附表 2－17。

本表用来反映产品质量现状及其变化情况。

(4) 企业年度研发经费统计表，见附表 2－18。

本表用来反映科研投入的明细及科研投入的力度。

(二) 主要指标解析

指标 5.75 事故性质

本项指造成安全事故发生的原因与人的责任的关系。按事故性质，安全事故分为人为事故和意外事故。

人为事故是指因为相关人员的过失而引起的事故。

意外事故是指人的意志无法预计而发生的事故。

指标 5.76 事故级别

本项指事故所造成伤亡及损失的大小。根据《安全生产事故报告和调查处理条例》（国务院第493号令）的规定，我国的安全生产事故主要分一般事故、较大事故、重大事故和特别重大事故四个级别。

一般事故是指造成 3 人以下死亡，或者 10 人以下重伤，或者 1 000 万元以下直接经济损失的事故。该类事故需上报市级，由县级处理。

较大事故是指造成 3 人以上 10 人以下死亡，或者 10 人以上 50 人以下重伤，或者 1 000 万元以上 5 000 万元以下直接经济损失的事故。该类事故需上报省级，由市级处理。

重大事故是指造成 10 人以上 30 人以下死亡，或者 50 人以上 100 人以下重伤，或者 5 000 万元以上 1 亿元以下直接经济损失的事故。该类事故需上报国务院，由省级处理。

特别重大事故是指造成 30 人以上死亡，或者 100 人以上重伤（包括急性工业中毒，下同），或者 1 亿元以上直接经济损失的事故。该类事故需上报国务院，由国务院处理。

指标 5.77　人身安全事故级别

根据 1991 年国务院颁布《企业职工伤亡事故报告和处理规定》，人身安全事故级别分为轻伤、重伤、死亡和多人事故四种。

轻伤是指造成劳动能力轻度损失或暂时丧失的事故。

重伤是指造成劳动能力严重损失或永久丧失的事故。

死亡，包括当场死亡和伤后一个月内的死亡。

多人事故是指同时伤亡 3 人及以上的事故。

指标 5.78　经济损失

经济损失包括直接经济损失和间接经济损失。

直接经济损失是指由事故造成的各种直接支出和损失。

间接经济损失是指由事故造成的停产、停工，以及生产能力下降等方面引起的损失。

指标 5.79　劳动生产率

劳动生产率的计算有全员劳动生产率和部门劳动生产率之分。

全员劳动生产率计算，见 1.104 指标解析。

部门劳动生产率因各部门的特点不同而有所不同。

（1）生产部门的劳动生产率可用产量（或产值）除以人数来计算。

（2）销售部门的劳动生产率可用销售量（或销售额）除以人数来计算；

（3）其他部门的劳动生产率可用人数除以部门费用来计算。因为部门费用除以人数得到的是逆指标，与通常理解相悖，所以改用人数除部门费用，计算结果表示单位费用（如每万元费用）支撑工作人员数。

劳动生产率比上期是指本期劳动生产率与上期劳动生产率之比；劳动生产率比上年同期是指本期劳动生产率与上年同期劳动生产率之比。

指标 5.80　平均工资

$$平均工资 = 当期工资总额 ÷ 当期平均从业人员数$$

平均从业人员数，参考 1.89 指标解析。

平均工资比上期是指本期平均工资与上期平均工资之比；平均工资比上年同期是指本期平均工资与上年同期平均工资之比。

指标5.81　工资和劳动生产率变化的差异

本项指工资发展速度与劳动生产率发展速度之差，正数表示工资增长速度快于劳动生产率发展速度，负数表示工资增长速度慢于劳动生产率发展速度。

指标5.82　内部损失成本

本项指公司内部因重新包装或处理退货、返工等产品产生的成本，包括材料成本和人工成本。

指标5.83　外部损失成本

本项指因客户退货产生的成本，即直接与销售退货金额有关的退货金额。

指标5.84　优等品产量

本项指根据国家或行业标准，达到优等品产量的产品入库数量。

指标5.85　一等品产量

本项指根据国家或行业标准，达到一等品产量的产品入库数量。

指标5.86　合格品产量

本项指根据国家或行业标准，达到合格品产量的产品入库数量。

指标5.87　内部研究开发投入

（1）人员人工是从事研究开发活动人员（也称研发人员）全年工资薪金，包括基本工资、奖金、津贴、补贴、年终加薪、加班工资以及与其任职或者受雇有关的其他支出。

（2）直接投入是企业为实施研究开发项目而购买的原材料等的相关支出。如：水和燃料（包括煤气和电）使用费等；用于中间试验和产品试制达不到固定资产标准的模具、样品、样机及一般测试手段购置费、试制产品的检验费等；用于研究开发活动的仪器设备的简单维护费；以经营租赁方式租入的固定资产发生的租赁费等。

（3）折旧费用与长期费用摊销。前者包括为执行研究开发活动而购置的仪器和设备以及研究开发项目在用建筑物的折旧费用，后者包括研发设施改建、改装、装修和修理过程中发生的长期待摊费用。

（4）设计费是为新产品和新工艺的构思、开发和制造，进行工序、技术规范、操作特性方面的设计而发生的费用。

（5）设备调试费主要包括安装准备过程中研究开发活动所发生的费用（如研制生产机器、模具和工具，改变生产和质量控制程序，或制定新方法及标准等）。

（6）无形资产摊销是因研究开发活动需要购入的专有技术（包括专利、非专利发明、许可证、专有技术、设计和计算方法等）所发生的费用摊销。

（7）其他费用是为研究开发活动所发生的其他费用，如办公费、通信费、专利申请维护费、高新科技研发保险费等。此项费用一般不得超过研究开发总费用的10%，另有规定的除外。

指标5.88　委托外部研发投入

本项指企业委托境内其他企业、大学、研究机构、转制院所、技术专业服务机构和境外机构进行研究开发活动所发生的费用（项目成果为企业拥有，且与企业的主要经营业务紧密相关）。委托外部研究开发费用的发生金额应按照独立交易原则确定。

　　境内的外部研发投入额是指企业委托境外其他企业、大学、研究机构、转制院所、技术专业服务机构和境外机构进行研究开发活动所发生的费用。

　　指标5.89　研发费占收入的百分比

　　　研发费占收入的百分比＝研究开发投入额（内、外部）小计÷销售收入总额

第二篇 统计实训

　　为了巩固理论及实务知识，为了让学员对统计实际工作有更深的感性认识，本书编写了本部分内容。

　　本部分实训以一家模拟的民营电子企业为蓝本，提供相关数据，让学员填制相关台账及报表。由于篇幅有限以及报表之间具有雷同性，在统计报表实训部分，我们仅提供个别台账及部分重点报表的实训练习；为了让学员对知识连贯性有更好的理解，本书把统计台账、国家报表和内部报表的实训集中到一起。台账实训中，我们提供了"工业总产值、销售产值"台账及"工业经济效益评价"台账编制的实训。国家报表实训中，我们选择了产销存报表编制、财务状况报表编制、工业企业样本调查表和劳动情况报表4类，共5表，提供实训。内部报表（显性）实训中，从8类内部报表中选择了主要产品产销存及其存放地点报表、主要材料进销存及岗位耗用报表和工资计算表3类，共5表提供实训。

模拟企业相关资料（企业简介）

名称：肇庆市科技电子有限公司

地址：肇庆市科技工业园

电话：0758 – 1234567

行业：电子元器件制造（代码 4061）

法人代表：张三

邮编：526020

该企业创建于 2003 年 9 月，注册类型为责任有限公司（目录企业），机构代码为 10000010 – 1，注册资金 2 000 万元，属民营企业，主要生产 4 种电器元器件：产品 1、产品 2、产品 3、产品 4。2011 年年底公司员工人数 400 人（无退休人员）。

特别说明：以下实训中需要用到某些数据，但数据源又未提供的默认为"0"。如计算期末余额需要期初余额，如数据源未提供，则默认为"0"。

实训一 主要工业产品生产、销售、库存、订货统计报表编制实训

1. 数据来源：

（1）肇庆科技电子有限公司 2010 年"主要工业品销售、库存、订货"统计台账（部分）。

表 3 – 1

项　目	计量单位	产品代码	上年1月	第一季度				
				1 月	2 月	1~2月累计	3 月	1~3月累计
产品名称								
产品1	千只	001						
期初库存量			1 010.00	1 031.00	503.00	1 031.00	417.00	1 031.00
本期生产量			2 100.00	2 173.00	1 763.00	3 936.00	1 529.00	5 465.00
本期销售量			2 500.00	2 701.00	1 849.00	4 550.00	1 594.00	6 144.00
其中：出口量			500.00	494.00	706.00	1 200.00	556.00	1 756.00
企业自用及其他								
期末库存量			610.00	503.00	417.00	417.00	352.00	352.00
订货数量			2 380.00	2 801.00	2 049.00	4 850.00	1 694.00	6 544.00
订货金额（千元）			4 046.00	4 761.70	3 483.30	8 245.00	2 879.80	11 124.8
已兑现订货数量			2 300.00	2 500.00	2 200.00	4 700.00	1 700.00	6 400.00
产品2	千只	002						
期初库存量			8.00	10.00	10.00	10.00	10.00	10.00
本期生产量			100.00	111.00	234.00	345.00	329.00	674.00

续表

项 目	计量单位	产品代码	上年1月	第一季度				
				1月	2月	1~2月累计	3月	1~3月累计
本期销售量			100.00	111.00	234.00	345.00	328.00	673.00
其中：出口量			30.00	30.00	168.00	198.00	182.00	380.00
企业自用及其他								
期末库存量			8.00	10.00	10.00	10.00	11.00	11.00
订货数量			100.00	121.00	254.00	375.00	388.00	763.00
订货金额（千元）			150.00	181.50	381.00	562.50	582.00	1 144.50
已兑现订货数量			100.00	115.00	230.00	345.00	350.00	695.00
产品3	千只	003						
期初库存量			15.00					
本期生产量			150.00					
本期销售量			155.00					
期末库存量			10.00					
订货数量			100.00					
订货金额（千元）			200.00					
已兑现订货数量			100.00					
产品4	千只	004						
期初库存量				10.00	—	10.00	—	10.00
本期生产量				902.00	775.00	1 677.00	1 139.00	2 816.00
本期销售量				912.00	775.00	1 687.00	1 139.00	2 826.00
期末库存量				—	—	—	—	—
订货数量				962.00	795.00	1 757.00	1 339.00	3 096.00
订货金额（千元）				481.00	397.50	878.50	669.50	1 548.00
已兑现订货数量				900.00	800.00	1 700.00	1 300.00	3 000.00

（2）各种产品的单价资料，其中产品4为新产品。

产品	产品1	产品2	产品3	产品4
单价（元/件）	1.7	1.5	2	0.5

2. 要求：完成1月、2月、3月报表编制，2月、3月两个月的报表可免去年同期数。报表格式，见附表1-8。

实训二　工业企业生产、销售总值（B202 表）

1. 数据来源：

（1）实训一资料。

（2）来料加工收入、自制半成品期初价值及企业用电量数据。

项目/时间	1月	2月	3月	3月末
来料加工收入（千元）	12	8	10	
自制半成品期初价值（千元）	500	600	580	650
用电量（万千瓦时）	4.84	4.76	4.88	

2. 要求：

（1）根据以上数据源，完成下表（3-2）的统计台账填制。

肇庆科技电子有限公司 2011 年"工业总产值、销售产值"统计台账。

表 3-2　　　　　　　　　　　　　　　　　　　　单位：千元

项　　目	上年	第一季度				
	实际	1月	2月	1~2月累计	3月	1~3月累计
一、工业总产值（当年价格）	11 075.00					
其中：新产品产值	—					
产品4（新产品）	—					
工业总产值构成：						
1. 成品价值	10 925.00					
产品1	3 400.00					
产品2	3 525.00					
产品3	4 000.00					
产品4	—					
2. 对外加工费收入						
3. 自制半成品、在制品期末期初差额价值	150.00					
其中：期初价值	350.00					
期末价值	500.00					
二、工业销售产值（当年价格）	41 300.00					
其中：出口交货值	12 270.00					
产品1	10 200.00					

续表

项 目	上年	第一季度				
	实际	1 月	2 月	1~2 月累计	3 月	1~3 月累计
产品 2	2 070.00					
产品 3						
产品 4						
工业销售产值构成						
1. 成品价值	41 300.00					
产品 1	35 700.00					
产品 2	3 600.00					
产品 3	2 000.00					
产品 4						
2. 对外加工费收入						

（2）根据表 3-2 及前面用电量数据，完成 1 月、2 月、3 月份工业总产值、销售产值报表的编制，2 月、3 月两个月的报表可免去年同期数。报表格式，见附表 1-7。

实训三 工业经济效益评价台账编制实训

1. 数据来源：

（1）肇庆科技电子有限公司 2011 年"主要经济指标"台账。

表 3-3 单位：千元

项 目	去年实际	1 月	…	1~12 月累计
一、年末资产负债	—	—		—
流动资产合计	36 580.00	24 546.00		26 910.00
其中：现金及银行存款	6 540.00	3 890.00		9 980.00
其中：现金				
短期投资				
应收账款（净额）	6 450.00	7 860.00		6 870.00
存货	6 787.00	6 986.00		7 087.00
其中：产成品	3 936.00	3 165.00		3 964.00
长期投资合计				
其中：长期股权投资				
长期债权投资				
固定资产合计	3 881.00	4 103.00		4 198.00
其中：固定资产原价	4 586.00	4 785.00		5 059.00

续表

项 目	去年实际	1 月	…	1～12 月累计
其中：生产经营用固定资产	4 585.05	4 784.05		5 058.05
减：累计折旧	730.00	750.00		950.00
其中：本期折旧		20.00		220.00
在建工程	25.00	68.00		89.00
固定资产净值平均余额	3 883.00	3 992.00		4 150.50
无形资产				
资产总计	40 461.00	28 649.00		31 108.00
流动负债合计	20 114.00	11 293.00		11 020.00
其中：应付账款	9 295.00	5 195.00		5 070.00
长期负债合计	7 068.00	3 968.00		3 870.00
其中：应付债券				
负债合计	27 182.00	15 261.00		14 890.00
所有者权益合计	13 279.00	13 388.00		16 218.00
其中：实收资本	6 000.00	6 000.00		6 000.00
1. 国家资本				
2. 集体资本				
3. 法人资本	6 000.00	6 000.00		6 000.00
其中：国有法人资本	1 000.00	1 000.00		1 000.00
4. 个人资本				
5. 港澳台资本				
6. 外商资本				
二、利润及分配	—	—		—
营业收入	125 590.00	5 244.00		101 755.00
其中：主营业务收入	125 590.00	5 226.00		101 215.70
其中：直接出口产品销售收入	7 020.00	884.80		6 950.00
营业成本	100 560.00	3 650.00		75 031.00
其中：主营业务成本	100 560.00	3 650.00		75 031.00
营业税金及附加	1 590.00	103.00		1 177.00
其中：主营业务税金及附加	1 590.00	103.00		1 177.00
主营业务利润	23 440.00	1 461.00		24 347.00
其他业务收入				
其他业务利润				

续表

项　　目	去年实际	1 月	…	1～12 月累计
营业费用	7 206.00	461.00		7 600.00
管理费用	9 189.00	664.00		11 220.00
其中：税金	60.00	6.00		78.00
财产保险费				
差旅费				
工会经费				
财务费用	1 560.00	− 14.00		232.00
其中：利息收入				
利息支出	490.00	—		171.00
营业利润	5 485.00	350.00		5 295.00
投资收益				
其中：股权投资收益				
补贴收入				
营业外收入	8.00	24.00		40.00
营业外支出				1 111.00
利润总额	5 493.00	374.00		4 224.00
应交所得税	1 812.69	54.00		1 394.00
三、工资、福利费、增值税及其他资料	—	—		—
应付工资总额（贷方累计发生额）	22 080.00	1 688.00		21 873.60
其中：主营业务应付工资总额	16 100.00	1 280.00		15 800.00
应付福利费总额	2 428.80	185.68		2 406.10
其中：主营业务应付福利费总额	1 771.00	140.80		1 738.00
应交增值税	5 006.00	312.80		5 104.80
进项税额				
销项税额				
广告费				
社会保险费	374.00	35.00		379.00
其中：劳动、失业保险费	29.10	2.72		29.49
养老保险费	232.82	21.79		235.93
医疗保险费	91.70	8.58		92.93
生育保险费	5.83	0.55		5.91
工伤保险费	14.55	1.36		14.74

续表

项　目	去年实际	1 月	…	1～12 月累计
住房公积金和住房补贴	120.00	12.00		190.00
从业人员平均人数（人）	380	384		393
代扣代缴个人所得税				
应付利润				
四、执行 2006 年《企业会计准则》企业填写	—	—		—
资产减值损失	—	31.00		31.00
公允价值变动收益				
五、上市公司填写	—	—		—
累计境内股市筹资额				
其中：本年筹资额				
累计境外股市筹资额				
其中：本年筹资额				

（2）另知，去年 1 月末所有者权益余额为 11 800 千元，本年工业总产值为 95 000 千元。本月（期）直接材料费及制造费用分别是 1 190.892 千元、1 656.708 千元。

2. 要求：结合前面表 3 - 2 数据填制工业经济效益评价台账的 1 月份及全年数据。报表表式，见附表 1 - 5。

实训四　工业财务状况（B203 表）

1. 数据来源："主要经济指标"统计台账（见表 3 - 3）。

2. 要求：完成 1 月份报表的编制，免去年同期数。报表格式，见附表 1 - 9。

实训五　工业企业样本调查表（B111 表）

1. 数据来源：

（1）"主要经济指标"统计台账（见表 3 - 3）。

（2）能源消耗数据。

能源类别	计量单位	本年	去年
电力	万千瓦时	75	68.9
柴油	吨	32	28

2. 要求：完成年报表编制（免去年同期数）。报表格式，见附表 1 - 15。

3. 说明：本表属于规模以下工业企业报表，而样本企业属规模以上工业企业，但就方法而言并无大碍。

实训六　法人单位劳动情况报表

1. 数据来源：

企业月初人数及工资总额情况表

月份	1	2	3	4	5	6	7	8	9	10	11	12	年末
月初人数	380	388	390	391	394	390	392	396	394	395	398	400	400
工资总额（百元）		7 904	8 128	7 956	8 023	8 077	8 034	8 134	8 237	8 294	8 295	8 350	8 420

其中：11月初，有1位员工生病请长假，每月基本工资（生活费）1 000元；有1位员工外出培训3个月，每月发基本工资1 500元。

2. 要求：完成第四季度报表编制。报表格式，见附表1-11。

实训七　产量计划执行及劳动定额执行统计表

1. 数据来源：

（1）1月份实际产量参考，"主要工业品销售、库存、订货"统计台账，见表3-2。

（2）1月份劳动力投入及产量计划资料如下：

品种	计划			实际
	劳动力（人）	劳动定额（千件/人）	计划产量（千件）	劳动力（人）
产品1	210	10	2 100	215
产品2	10	11	110	10
产品3				
产品4	30	35	1 050	25
合计	250	—	—	250

2. 要求：完成1月份的产品产量计划及劳动定额执行统计表的编制（参见附表2-1）。

实训八　销售统计

1. 数据来源：

（1）1月、2月、3月份生产量、销售量、订货量参考"主要工业品销售、库存、订货"统计台账，参见表3-2。

（2）价格资料参考实训三。

（3）1月、2月、3三个月的计划销量数据如下：

品种	1月计划销量	2月计划销量	3月计划销量
产品1	2 000	2 050	2 010

续表

品种	1月计划销量	2月计划销量	3月计划销量
产品2	100	105	110
产品3			
产品4	1 000	1 050	1 100
合计	—	—	—

2. 要求：

（1）完成1月、2月、3月的产品销售结构及其变化表的编制，免去年数。表式，参见附表2-3。

（2）完成1月、2月、3月销售计划执行情况统计表的编制。表式，参见附表2-4。

实训九　主要产品存量及订货变化报表

1. 数据来源："主要工业品销售、库存、订货"统计台账（参见表3-2）。

2. 要求：完成1、2、3月份报表编制。报表格式，见附表2-6。

实训十　工业生产岗位材料消耗情况表

1. 数据来源：

（1）主要材料进销存及其变化报表

20　　年　1　月 计量：元

材料名称	计量单位	期初库存		本期购进				耗用及卖出			期末库存		
		数量	金额	数量	金额	价格	比上月	数量	价格	金额	数量	价格	金额
甲	乙	1	2	3	4	6	7	8	9	10	11	12	13
合计			770 000		1 247 800								
材料1	吨	12	240 000	18	361 800	20 100							
材料2	吨	30	450 000	40	592 000	14 800							
材料3	吨	0.8	80 000	3	294 000	98 000							

（2）三个车间的材料领取及月末盘点数据

工业生产岗位消耗统计表

部门（车间）：产品1　　　　统计日期：　1　月份　　　　计量：元

序号	类别	材料名称	单位	上月岗位库存		本月领取		本月岗位结存		本月消耗		
				数量	金额	数量	金额	数量	金额	数量	金额	单价
		合计			195 000							
		材料1	吨	2	40 000	16		3				
		材料2	吨	5	75 000	32		4				
		材料3	吨	0.8	80 000	2.76		1				

复核：　　　　　　　　制表：　　　　　　　　制表日期：

工业生产岗位消耗统计表

部门（车间）：产品2　　　　　　　　统计日期：　1　月份　　　　　　　　计量：元

序号	类别	材料名称	单位	上月岗位库存		本月领取		本月岗位结存		本月消耗		
				数量	金额	数量	金额	数量	金额	数量	金额	单价
		合计			8 000							
		材料1	吨	0.2	4 000	1.02		0.22				
		材料2	吨	0.2	3 000	1.05		0.25				
		材料3	吨	0.01	1 000	0.135		0.11				

复核：　　　　　　　　　制表：　　　　　　　　　制表日期：

工业生产岗位消耗统计表

部门（车间）：产品4　　　　　　　　统计日期：　1　月份　　　　　　　　计量：元

序号	类别	材料名称	单位	上月岗位库存		本月领取		本月岗位结存		本月消耗		
				数量	金额	数量	金额	数量	金额	数量	金额	单价
		合计			18 500							
		材料1	吨	0.4	8 000	2.55		0.45				
		材料2	吨	0.5	7 500	2.75		0.45				
		材料3	吨	0.03	3 000	0.16		0.04				

复核：　　　　　　　　　制表：　　　　　　　　　制表日期：

2. 要求：

（1）根据各车间的领用数据，计算主要材料进销存及其变化报表的耗用数据（假设无其他减少），并填回原表。完成主要材料进销存及其变化报表其他数据的计算，并填回原表。

（2）根据主要材料进销存及其变化报表的发出材料单价完成工业生产岗位消耗统计表相关数据的计算并填回原表。

（3）已知1月的制造费用是1 656.708千元，请根据三产品的材料耗用金额分配制造费用，并填到下表。

年　　　月

分配依据：　　　　　　　　　　　　　　计量单位：

品种	分配依据	分配率	制造费用
甲	1	2	3
合计			

制表：　　　　　　　审核：　　　　　　　填制日期：

实训十一　单位产品成本计算

1. 资料来源：

（1）上题1月各产品的工业生产岗位消耗统计表及制造费用分配表。

（2）各品种1月单位成本的计划数及上期数，以及1月人工费数据如下：

品种	1月实际人工费（千元）	本月单位成本计划（元）				上月实际单位成本（元）			
		料	工	费	合计	料	工	费	合计
产品1	823.14	0.47	0.37	0.66	1.5	0.48	0.39	0.68	1.55
产品2	30.2	0.35	0.28	0.47	1.1	0.35	0.29	0.49	1.13
产品4	83.5	0.11	0.09	0.15	0.35	0.11	0.1	0.16	0.37

2. 要求

（1）各品种单位成本计算及其变化表。

主要产品单位产品成本计算及其变化表

年　　　月　　　　　　　　　　　　　　　计量单位：

产品名称：　　　　　　　　　　　　规格：　　　　　　　　　　本月产量：

成本项目	本月实际			本月计划			比上月	
	总成本	单位成本	构成（%）	单位成本	完成情况	上月单位成本	上月构成（%）	单位成本变化（%）
直接材料								
直接人工								
制造费用								
合计								

制表：　　　　　　　　审核：　　　　　　　　　　　　　　填制日期：

主要产品单位产品成本计算及其变化表

年　　　月　　　　　　　　　　　　　　　计量单位：

产品名称：　　　　　　　　　　　　规格：　　　　　　　　　　本月产量：

成本项目	本月实际			本月计划			比上月	
	总成本	单位成本	构成（%）	单位成本	完成情况	上月单位成本	上月构成（%）	单位成本变化（%）
直接材料								
直接人工								
制造费用								
合计								

制表：　　　　　　　　审核：　　　　　　　　　　　　　　填制日期：

主要产品单位产品成本计算及其变化表

年　　　月　　　　　　　　　　　　　　　　　计量单位：

产品名称：　　　　　　　　　　　规格：　　　　　　　　　　　本月产量：

成本项目	本月实际			本月计划			比上月	
	总成本	单位成本	构成（%）	单位成本	完成情况	上月单位成本	上月构成（%）	单位成本变化（%）
直接材料								
直接人工								
制造费用								
合计								

制表：　　　　　　　　审核：　　　　　　　　　　　　　填制日期：

（2）编制主要产品单位成本及其变动汇总表。

主要产品单位成本及其变化表

年　　　月

品种	计量	本期产量	单位成本	计划单位成本	单位成本计划完成率（%）	单位成本比上月（%）	单位成本比上年（%）
							免填
							免填
							免填
							免填

制表：　　　　　　　　审核：　　　　　　　　　　　　　填制日期：

实训十二　管理人员工资计算表

1. 数据来源：

（1）设有以下两名管理员工1月份相关数据。

员工编号	姓名	性别	基本工资	岗位	岗位工资标准	岗位系数	考核工资标准	本月考核系数	厂龄	应扣公积金	应扣社保	请假（天）	加班（天）
1001	张三	男	2 500	会计	1 000	1.2	500	1.05	8	200	180		0.5
1002	陈英	女	2 000	出纳	800	1.0	400	0.95	12	180	160	1	

（2）设公司的相关管理制度及扣税规定如下：

工龄年补贴金额为20元；加班费按天基本工资2倍计算；请假按员工天基本工资的1倍扣款；旷工按员工天基本工资的2倍扣款；每人每月扣工会费8元。天基本工资＝基本工资/30。

应缴个税的扣税起点为 3 500 元，超出后的税率为：0 ~ 500（含），税率 3%；500 ~ 2 000（含），税率 10%；2 000 ~ 5 000（含），税率为 15%；5 000 元以上税率为 25%。

2. 要求：完成 1 月份工资表编制。报表格式，见附表 2 - 12（1）。

实训十三　计件人员工资计算表

1. 数据来源：

（1）设有以下两名计件员工 1 月份相关数据。

员工编号	姓名	性别	基本工资	本月产量	计件单价	厂龄	应扣公积金	应扣社保	请假（天）	夜班天数
2001	李四	男	1 800	1 500	1.2	5	180	160	2	8
2002	陈五	男	1 800	1 600	1.2	10	180	160		8

（2）设公司的相关管理制度及扣税规定如下：

工龄年补贴金额为 20 元；夜班晚餐补贴为每晚 6 元；请假按员工天基本工资的 1 倍扣款；矿工按员工天基本工资的 2 倍扣款；每人每月扣工会费 8 元。天基本工资 = 基本工资/30。

应缴个税的扣税起点为 3 500 元，超出后的税率为：0 ~ 500（含），税率 3%；500 ~ 2 000（含），税率 10%；2 000 ~ 5 000（含），税率为 15%；5 000 元以上税率为 25%。

2. 要求：完成 1 月工资表编制。报表格式，见附表 2 - 12（2）。

实训十四　税费及销售值对比统计

1. 资料来源：

（1）1 月及上年营业收入（销售值）、营业成本、期间费用、营业税金及附加数据参考实训三的表 3 - 3。

（2）上年 1 月销售收入参考实训一的表 3 - 1。

（3）本月计划及上年 1 月相关数据如下：

项目	营业成本	管理费用	营业费用	财务费用	营业税金及附加
本月计划		650	450	0	
去年同期实际	3 615	660	460	0	100

2. 要求：完成 1 月税费及销售值对比变化表，上期及上年同期数免填。报表格式，见附表 2 - 13。

实训十五　费用控制表格设计

1. 主要目的：观察费用控制的执行情况，评价各执行部门的绩效。

2. 要求：

（1）设有管理费用的相关部门及各项可控明细费用如下（不可控明细费用忽略不计），请设计管理费用明细科目控制执行情况表。

执行部门	人工费	办公费	招待费	差旅费	汽车保养费	维修费
董事会		√	√	√		
办公室	√	√	√	√	√	
财务处	√	√				
后勤	√	√				√

（2）参照要求（1），对各项广义费用（生产成本、制造费用、三大期间费用）分别罗列其可控费用明细项目，并自定义其执行部门，然后设计其明细科目控制执行情况表（可考虑一表通用）。

提示：本实训可分小组完成。

附　表

附表1-1　工业总产值、销售产值

项　目	上年实际	第一季度					第二季度							第三季度						第四季度						
		1月	2月	1~2月累计	3月	1~3月累计	4月	1~4月累计	5月	1~5月累计	6月	1~6月累计	上半年为同期(%)	7月	1~7月累计	8月	1~8月累计	9月	1~9月累计	10月	1~10月累计	11月	1~11月累计	12月	全年累计	全年为上年(%)
一、工业总产值(当年价格)																										
其中:新产品产值																										
工业总产值构成:																										
1. 成品价值																										
2. 对外加工费收入																										
3. 自制半成品、在制品期末期初差额价值																										
二、工业销售产值(当年价格)																										
其中:出口交货值																										
工业销售产值构成:																										
1. 成品价值																										
2. 对外加工费收入																										
三、企业用电量(万千瓦小时)																										

注:若会计产品成本核算中计算半成品、在制品的成本,则工业总产值中包括自制半成品、在制品期末期初差额价值;反之,则不包括。

附表 1-2　工业产品产量

产品名称	计量单位	产品代码	上年实际	第一季度					第二季度						上半年为同期(%)	7月	第三季度						第四季度					全年累计	全年为上年(%)
				1月	2月	1~2月累计	3月	1~3月累计	4月	1~4月累计	5月	1~5月累计	6月	1~6月累计			1~7月累计	8月	1~8月累计	9月	1~9月累计	10月	1~10月累计	11月	1~11月累计	12月		

注:企业生产的产品按照《工业产品生产、销售、库存目录》中加"▲"的产品品种填报,若计量单位不一致,在填报报表时要进行折算。目录中未列入的产品按企业实际生产产品填列。

136

附表1-3 主要工业产品销售、库存、订货

项目	计量单位	产品代码	上年实际	第一季度					第二季度						第三季度						第四季度						全年累计	全年为上年(%)
				1月	2月	1~2月累计	3月	1~3月累计	4月	1~4月累计	5月	1~5月累计	6月	1~6月累计	7月	1~7月累计	8月	1~8月累计	9月	1~9月累计	10月	1~10月累计	11月	1~11月累计	12月		
产品名称																											
年初库存量																											
本期销售量																											
企业自用量及其他																											
期末库存量																											
订货数量																											
订货金额																											

注：企业生产的产品要按照《工业产品生产、销售、库存目录》中加"★"的产品品种填报。

137

附表 1－4(1)　主要经济指标

计算单位：千元

项　目	上年实际	第一季度					第二季度							第三季度						第四季度						
		1月	2月	1~2月累计	3月	1~3月累计	4月	1~4月累计	5月	1~5月累计	6月	1~6月累计	上半年为同期(%)	7月	1~7月累计	8月	1~8月累计	9月	1~9月累计	10月	1~10月累计	11月	1~11月累计	12月	全年累计	全年为上年(%)
一、年末资产负债	—	—	—	—	—	—	—	—	—	—	—	—	—	—	—	—	—	—	—	—	—	—	—	—	—	—
流动资产合计																										
其中:现金及银行存款																										
其中:现金																										
短期投资																										
应收账款(净额)																										
存货																										
其中:产成品																										
流动资产平均余额																										
长期投资合计																										
其中:长期股权投资																										
长期债权投资																										
固定资产合计																										
其中:固定资产原价																										
其中:生产经营用固定资产																										
减:累计折旧																										
其中:本期折旧																										
在建工程																										

计算单位:千元

附表1-4(2)　主要经济指标

项　目	上年实际	第一季度					第二季度							第三季度						第四季度						
		1月	2月	1~2月累计	3月	1~3月累计	4月	1~4月累计	5月	1~5月累计	6月	1~6月累计	上半年为同期(%)	7月	1~7月累计	8月	1~8月累计	9月	1~9月累计	10月	1~10月累计	11月	1~11月累计	12月	全年累计	全年为上年(%)
固定资产净值平均余额																										
无形资产																										
资产总计																										
流动负债合计																										
其中:应付账款																										
长期负债合计																										
其中:应付债券																										
负债合计																										
所有者权益合计																										
其中:实收资本																										
1. 国家资本																										
2. 集体资本																										
3. 法人资本																										
其中:国有法人资本																										
4. 个人资本																										
5. 港澳台资本																										
6. 外商资本																										

附表 1－4（3）　主要经济指标

计算单位：千元

指标	上年实际	第一季度					第二季度							第三季度							第四季度					
		1月	2月	1~2月累计	3月	1~3月累计	4月	1~4月累计	5月	1~5月累计	6月	1~6月累计	上半年为同期(%)	7月	1~7月累计	8月	1~8月累计	9月	1~9月累计	10月	1~10月累计	11月	1~11月累计	12月	全年累计	全年为上年(%)
二、利润及分配	—	—	—	—	—	—	—	—	—	—	—	—	—	—	—	—	—	—	—	—	—	—	—	—	—	—
营业收入																										
其中：主营业务收入																										
其中：直接出口产品销售收入																										
营业成本																										
其中：主营业务成本																										
营业税金及附加																										
其中：主营业务税金及附加																										
主营业务利润																										
其他业务收入																										
其他业务利润																										
营业费用																										
管理费用																										
其中：税金																										
财产保险费																										
差旅费																										
工会经费																										
财务费用																										

140

附表1-4(4) 主要经济指标

计算单位:千元

| 指标 | 上年实际 | 第一季度 | | | | | 第二季度 | | | | | | | 第三季度 | | | | | | 第四季度 | | | | | | |
		1月	2月	1~2月累计	3月	1~3月累计	4月	1~4月累计	5月	1~5月累计	6月	1~6月累计	上半年为同期(%)	7月	1~7月累计	8月	1~8月累计	9月	1~9月累计	10月	1~10月累计	11月	1~11月累计	12月	全年累计	全年为上年(%)
其中:利息收入																										
利息支出																										
营业利润																										
投资收益																										
其中:股权投资收益																										
补贴收入																										
营业外收入																										
营业外支出																										
利润总额																										
应交所得税																										
三、工资、福利费、增值税及其他资料																										
应付工资总额(贷方累计发生额)																										
其中:主营业务应付工资总额																										
应付福利费总额																										
其中:主营业务应付福利费总额																										
应交增值税																										
进项税额																										
销项税额																										

附表1-4(5)　主要经济指标

计算单位:千元

指标	上年实际	第一季度					第二季度							第三季度						第四季度						
		1月	2月	1~2月累计	3月	1~3月累计	4月	1~4月累计	5月	1~5月累计	6月	1~6月累计	上半年为同期(%)	7月	1~7月累计	8月	1~8月累计	9月	1~9月累计	10月	1~10月累计	11月	1~11月累计	12月	全年累计	全年为上年(%)
广告费																										
社会保险费																										
其中:劳动、失业保险费																										
养老保险费																										
医疗保险费																										
生育保险费																										
工伤保险费																										
住房公积金和住房补贴																										
从业人员平均人数(人)		—	—		—		—		—		—		—	—		—		—		—		—		—		—
代扣代缴个人所得税																										
应付利润		—	—		—		—		—		—		—	—		—		—		—		—		—		—
四、执行2006年《企业会计准则》企业填写																										
资产减值损失																										
公允价值变动收益																										
五、上市公司填写																										
累计境内股市筹资额		—	—		—		—		—		—		—	—		—		—		—		—		—		—
其中:本年筹资额		—	—		—		—		—		—		—	—		—		—		—		—		—		—
累计境外股市筹资额		—	—		—		—		—		—		—	—		—		—		—		—		—		—
其中:本年筹资额		—	—		—		—		—		—		—	—		—		—		—		—		—		—

附表 1－5　工业经济效益评价

指标名称	计算单位	计算根据	上年实际	本年计划	1月	1~2月	1~3月	1~4月	1~5月	1~6月	1~7月	1~8月	1~9月	1~10月	1~11月	1~12月
						第一季度			第二季度			第三季度			第四季度		
1. 总资产贡献率	%	本期实际														
利润总额、税金总额、利息支出	千元	子项														
平均资产总额	千元	母项														
2. 资本保值增值率	%	本期实际														
期末所有者权益	千元	子项														
上年同期期末所有者权益	千元	母项														
3. 资产负债率	%	本期实际														
负债总额	千元	子项														
资产总额	千元	母项														
4. 流动资产周转率	次	本期实际														
产品销售收入	千元	子项														
流动资产平均余额	千元	母项														
5. 成本费用利润率	%	本期实际														
利润总额	千元	子项														
成本费用总额	千元	母项														
6. 全员劳动生产率	元/人	本期实际														
工业增加值	千元	子项														
全部从业人员平均人数	人	母项														
7. 工业产品销售率	%	本期实际														
工业销售产值(当年价)	千元	子项														
工业总产值(当年价)	千元	母项														

注:税金总额为主营业务税金及附加与应交增值税之和。平均资产总额为期初期末资产总计之和的算术平均值。成本费用总额为产品销售成本、销售费用、管理费用、财务费用之和。

附表 1-6　法人单位基本情况

表　　号：101 表

制表机关：北京市统计局

国家统计局北京调查总队

文　　号：京统发〔2009〕125 号

批准机关：国家统计局

批准文号：国统制〔2009〕71 号

2009 年　　　　　　　　有效期至：2011 年 12 月底止

《中华人民共和国统计法》第七条规定：国家机关、企业事业单位和其他组织以及个体工商户和个人等统计调查对象，必须依照本法和国家有关规定，真实、准确、完整、及时地提供统计调查所需的资料，不得提供不真实或者不完整的统计资料，不得迟报、拒报统计资料	50 报表类别（免填）　　　　　　　　　□ A 农业　B 工业　C 建筑业　D 运输邮电业　E 批发和零售业、住宿和餐饮业 F 服务业　J 金融业　X 房地产业 01＊组织机构代码—□□□□□□□□—□ 02 单位详细名称：＿＿＿＿＿＿＿＿＿＿ 03 法定代表人（单位负责人）：＿＿＿＿＿

04 单位所在地及区划

区划代码□□□□□□—□□□—□□□

＿＿＿＿＿＿省（自治区、直辖市）＿＿＿＿＿＿地（区、市、州、盟）＿＿＿＿＿县（区、市、旗）

＿＿＿＿＿＿＿＿乡（镇）＿＿＿＿＿＿街（村）、门牌号

单位位于＿＿＿＿＿＿＿＿街道（乡、镇）＿＿＿＿＿＿社区居（村）委会

51 单位地理位置　　　　　　　　　　　　　　　　　　　　　　　　　□

1 二环以内　2 二环至三环以内　3 三环至四环以内　4 四环至五环以内　5 五环至六环以内　6 六环以外

05 联系方式			电子邮箱
	长途区号		＿＿＿＿＿＿＿
	固定电话		
	分机号		网　　址
	传真号码		＿＿＿＿＿＿＿
	传真分机号		
	移动电话		
	邮政编码		

06＊行业类别　　　　　　　　　　　　　　　　　　　行业代码□□□□

主要业务活动（或主要产品）　1＿＿＿＿＿＿　2＿＿＿＿＿＿　3＿＿＿＿＿＿

14 机构类型　10 企业　20 事业单位　30 机关　40 社会团体　51 民办非企业单位　52 基金会　53 居委会

54 村委会　90 其他组织机构　　　　　　　　　　　　　　　　　　□□

13 执行会计制度类别

1 企业会计制度　2 事业单位会计制度　3 行政单位会计制度　4 民间非营利组织会计制度　9 其他　　□

07 登记注册（或批准）情况			
（如登记注册或批准机关为多个，请复选）　　机关级别：1 国家　2 省（市）　3 地（市）　4 区（县）			

登记注册（或批准）机关名称	机关级别	登记注册号
1 工商行政管理部门		
2 机构编制部门		
3 民政部门		
9 其他		

选其他，请注明批准机关：

_____

请注明，税务登记证号：_____

52 单位注册地址 _____　　　区划代码□□□□□□□□

53 注册开发区（免填）　　开发区名称_____　　　代码□□□□□

08 登记注册类型

内资 149 其他联营	174 私营股份有限公司	外商投资	
110 国有	151 国有独资公司	190 其他	310 中外合资经营
120 集体	159 其他有限责任公司	港澳台商投资	320 中外合作经营
130 股份合作	160 股份有限公司	210 与港澳台商合资经营	330 外资企业
141 国有联营	171 私营独资	220 与港澳台商合作经营	340 外商投资股份有限公司
142 集体联营	172 私营合伙	230 港澳台商独资	
143 国有与集体联营	173 私营有限责任公司	240 港澳台商投资股份有限公司	□□□

54 国别（地区）名称及代码	名　　称	代　码
（限港澳台商和外商投资企业填报，填写主要外资来源国或地区）		

09 企业控股情况　　1 国有控股　2 集体控股　3 私人控股　4 港澳台商控股　5 外商控股　9 其他　　　□

10 隶属关系　10 中央　20 市　40 区（县）　61 街道　62 镇　63 乡　71 社区居委会　72 村委会　90 其他　　□□

12 企业营业状态　　1 营业　2 停业（歇业）　3 筹建　4 当年关闭　5 当年破产　9 其他　　　　□

11 开业（成立）时间　　　　　　　　　　　　　　　　□□□□年□□月

16 产业活动单位个数　　　　　　　　　　　　　　　总计_____

17 期末从业人员	指标名称	百万	十万	万	千	百	十	个
	期末从业人员							
	其中：女性							

18 企业主要经济指标	指标名称	千亿	百亿	十亿	亿	千万	百万	万元	千元
（免填）	营业收入								
	其中：主营业务收入								
	资产总计								

续表

27 非企业单位主要经济指标（免填）									
指标名称	千亿	百亿	十亿	亿	千万	百万	万元	千元
收入合计								
支出合计 资产总计								

---

20 企业集团情况（限企业集团母公司及成员企业填报）

本企业是：1 集团母公司（核心企业或集团总部）　2 成员企业　　□

如选择 2，请填直接上级法人单位组织机构代码　　□□□□□□□□ - □

---

21 企业资质等级

建筑业：有资质企业，请填写资质证书编号前 4 位；没有资质的企业，请填写 9999　　□□□□

房地产开发经营：1 一级　2 二级　3 三级　4 四级　5 暂定　9 其他　　□

物业管理：1 一级　2 二级　3 三级　9 其他　　□

---

22 住宿业企业星级评定情况　　1 一星　2 二星　3 三星　4 四星　5 五星　9 其他　　□

---

26 经营形式（限批发和零售业、住宿和餐饮业、居民服务业填报）

1 独立门店　2 连锁总店（总部）　3 连锁门店　9 其他　　□

---

57 零售、餐饮业态和营业面积

1 零售业态	2 餐饮业态	3 营业面积

1 零售业态	2 餐饮业态	3 营业面积
有店铺零售 1010 食杂店　　1100 家居建材商店 1020 便利店　　1110 购物中心 1030 折扣店　　1120 厂家直销中心 1040 超市　　　无店铺零售 1050 大型超市　2010 电视购物 1060 仓储会员店 2020 邮购 1070 百货店　　2030 网上商店 1080 专业店　　2040 自动售货亭 1081 加油站　　2050 电话购物 1090 专卖店 　　　　　　　□□□□	21 中式正餐　　25 茶馆 22 中式快餐　　26 咖啡店 23 外国风味正餐 27 酒吧 24 外国风味快餐 29 其他 　　　　　　□□	期末零售营业面积 （限批发和零售业填报） <table><tr><td>十万</td><td>万</td><td>千</td><td>百</td><td>十</td><td>个</td></tr></table>（平方米） 期末餐饮营业面积 （限住宿和餐饮业填报） <table><tr><td>十万</td><td>万</td><td>千</td><td>百</td><td>十</td><td>个</td></tr></table>（平方米）

续表

59 工业企业生产经营用占地面积	千万	百万	十万	万	千	百	十	个	（平方米）

60＊统计管理部门名称＿＿＿＿＿＿＿＿＿＿＿　　　　　　　　代码□□□□－□□□□□□□□

61 单位规模（免填）　　1 大型　2 中型　3 小型　　　　　　　　　　　□

63 总部情况（免填）　　1 是　　0 否　　　　　　　　　　　　　　　　□

64 上市公司情况（限企业填报）

是否上市公司　　　　　　　1 是　　0 否　　　　□　　　　　　上市年度□□□□年

上市地点（如上市地点为多个，请复选）

01 深交所□□　　02 上交所□□　　03 新加坡□□　　04 香　港□□　　05 纳斯达克□□

06 纽约交易所□□　07 日　本□□　　08 英　国□□　　09 创业板□□　　99 其他□□

65 注册文化创意产业集聚区（免填）　文化创意产业集聚区名称＿＿＿＿＿＿＿　　代码□□□□

66 金融功能区（免填）　　　　金融功能区名称＿＿＿＿＿＿＿　　　　代码□□

67 区县特色功能区（免填）　　区县特色功能区名称＿＿＿＿＿＿　　代码□□□□□

68 旅游区（点）等级情况（免填）　1A　2 2A　3 3A　4 4A　5 5A　9 非 A　　□

69 旅行社分类、等级情况（免填）

旅行社分类情况　　1 国际旅行社　　2 国内旅行社　　　　　　　　　　□

旅行社等级情况　　55A　　　　　　　　　　　　　　　　　　　　　　□

71 非公经济情况（免填）　　　1 非公经济　　0 公有经济　　　　　　　□

单位负责人：　　　　　　统计负责人：　　　　　填表人：

联系电话：　　　　　　　分机号：　　　　　　　报出日期：2010 年　　月　　日（单位在此盖章）

说明：1. 统计范围：规模以上工业法人单位。

2. 报送时间及方式：2010 年 3 月 3 日前网上填报。

3. 报表中加"＊"的指标数据已由市级统计机构根据基本单位名录库数据导入，各调查单位不能修改。

4. 审核（表间）关系：

（1）多产业法人单位填报的"16 产业活动单位个数"应与其填报的 101－1 表个数一致；

（2）多产业法人单位填报的"17 期末从业人员"中"期末从业人员"应等于其填报的 101－1 表中各产业活动单位"17 期末从业人员"之和。

附表 1－7　**工业企业生产、销售总值**

表　　号：B202 表

制表机关：北京市统计局

国家统计局北京调查总队

文　　号：京统发〔2009〕125 号

批准机关：国家统计局

组织机构编码：□□□□□□－□□□　　　批准文号：国统制〔2009〕71 号

单位详细名称（签章）：　　2010 年　　月　　　有效期至：2011 年 12 月底止

指标名称	计量单位	代码	本年		上年同期	
			本月	1～本月	本月	1～本月
甲	乙	丙	1	2	3	4
一、工业总产值（当年价格）	千元	01				
其中：新产品产值	千元	02				
工业销售产值（当年价格）	千元	03				
其中：出口交货值	千元	04				
二、企业用电量	万千瓦小时	05				

单位负责人：　　统计负责人：　　填表人：　　联系电话：　　　分机号：　　报出日期：20　年　月　日

说明：1. 统计范围：规模以上工业法人单位。

2. 报送时间及方式：4 月 6 日 12：00 前，5 月 5 日 17：00 前，10 月 8 日 17：00 前，次年 1 月 5 日 17：00 前，其他月份月后 3 日 17：00 前网上填报。

3. 本表除企业用电量指标保留两位小数外，其余指标均保留整数。

4. 本年或去年新建企业：本年或去年由基建完成的新建投产的企业，不包括"重新登记注册、合并、拆分、改制、搬迁或扩建等"新生成的企业，是填"1"，否填"0"。填"1"的企业必须同时填报正式投产时间年月。

5. 正式投产时间：该企业完成了基建过程，转为工业企业并开始正式投入工业生产的时间。

6. 审核关系：

（1）工业总产值（当年价格）（01）≥新产品产值（02）

（2）工业销售产值（当年价格）（03）≥出口交货值（04）

附表1-8 主要工业产品生产、销售、库存、订货

表 号:B202-1表
制表机关:北京市统计局
国家统计局
文 号:京统发[2009]125号
批准机关:国家统计局
批准文号:国统制[2009]71号
有效期至:2011年12月底止

组织机构编码:□□□□□□□□-□□□

单位详细名称(签章):

2010年 月

产品名称	计量单位	产品代码	期初库存量		生产量				累计销售量		企业累计自用量及其他		期末库存量		期末剩余订货量		期末剩余订货额(千元)	
			本月	上年同期	本月	上年同期本月	1~本月	上年同期1~本月	1~本月	上年同期	1~本月	上年同期	1~本月	上年同期	1~本月	上年同期	1~本月	上年同期
甲	乙	丙	1	2	3	4	5	6	7	8	9	10	11	12	13	14	15	16

单位负责人: 统计负责人: 填表人: 联系电话: 分机号: 报出日期:20 年 月 日

说明:1.统计范围:规模以上工业法人单位。
2.报送时间及方式:4月6日12:00前,5月5日17:00前,10月8日17:00前,次年1月5日17:00前网上填报。其他月份月后3日17:00前网上填报。
3.本表统计的产品名称及产品代码按《主要工业产品生产、销售、库存目录》填报。
4.本表保留两位小数。
5.审核关系:期末库存量=年初库存存量+累计生产量-累计销售量-企业累计自用量及其他。

149

附表 1-9　工业财务状况

表　　　号：B203 表
制表机关：北京市统计局
　　　　　国家统计局北京调查总队
文　　　号：京统发〔2009〕125 号
批准机关：国家统计局

组织机构编码：□□□□□□-□□□

批准文号：国统制〔2009〕71 号

单位详细名称（签章）：

有效期至：2011 年 12 月底止

是否执行 2006 年《企业会计准则》1 是 0 否□　2010 年　月　计量单位：　　千　　元

指标名称	代码	本年 1~本月	上年同期 1~本月
甲	乙	1	2
一、资产负债	—		
流动资产合计	012		
其中：应收账款（净额）	014		
存货	015		
其中：产成品	016		
流动资产平均余额	017		
资产总计	029		
负债合计	033		
二、利润及分配	—		
营业收入	490		
其中：主营业务收入	043		
其中：直接出口产品销售收入	239		
营业成本	134		
其中：主营业务成本	048		
营业税金及附加	497		
其中：主营业务税金及附加	050		
主营业务利润	051		
其他业务利润	053		
营业费用	049		
管理费用	054		
其中：税金	055		
财务费用	062		
其中：利息收入	202		
利息支出	201		
营业利润	064		
投资收益	065		
利润总额	069		
应交所得税	070		

续表

指标名称	代码	本年 1～本月	上年同期 1～本月
三、其他资料	—		
应付工资总额（贷方累计发生额）	076		
职工福利费	078		
社会保险费	094		
住房公积金和住房补贴	075		
应交增值税	080		
固定资产折旧	023		
工业中间投入合计	083		
从业人员平均人数（人）	340		
代扣代缴个人所得税	095		
四、执行 2006 年《企业会计准则》企业填写	—		
资产减值损失	332		
公允价值变动收益	466		
五、上市公司填写	—		
境内股市本年筹资额	473		
境外股市本年筹资额	475		

单位负责人：　　　统计负责人：　　　填表人：　　　联系电话：　　　分机号：　　　报出日期：20　年　月　日

说明：1. 统计范围：规模以上工业法人单位。

2. 报送时间及方式：月后 13 日 17：00 前网上填报；1 月月报免报。

3. 本表保留整数。

4. 审核关系：

（1）流动资产合计（012）≥应收账款（净额）（014）＋存货（015）

（2）资产总计（029）＞流动资产合计（012）

（3）存货（015）≥产成品（016）

（4）营业收入（490）≥主营业务收入（043）

（5）主营业务收入（043）≥直接出口产品销售收入（239）

（6）主营业务收入（043）＞主营业务税金及附加（050）

（7）营业成本（134）≥主营业务成本（048）

（8）营业税金及附加（497）≥主营业务税金及附加（050）

（9）主营业务利润（051）＝主营业务收入（043）－主营业务成本（048）－主营业务税金及附加（050）

（10）未执行 2006 年会计制度的企业：营业利润（064）＝主营业务收入（043）－主营业务成本（048）－主营业务税金及附加（050）＋其他业务利润（053）－营业费用（049）－管理费用（054）－财务费用（062）

（11）管理费用（054）≥税金（055）

（12）当利润总额（069）＞0 时，利润总额（069）＞应交所得税（070）

（13）应付工资总额（076）＞0

（14）代扣代缴个人所得税（095）＞0

附表 1-10　工业成本费用

表　　号：B703 表

制表机关：北京市统计局

国家统计局北京调查总队

文　　号：京统发〔2009〕125 号

批准机关：国家统计局

批准文号：国统制〔2009〕71 号

有效期至：2011 年 12 月底止

组织机构编码：□□□□□□-□□□

单位详细名称（签章）：　　　　　2010 年　　月　　　　计量单位：千　　　元

指标名称	代码	本年
甲	乙	1
一、制造成本	001	
1. 直接材料消耗	002	
2. 直接人工	003	
3. 其他直接费用	004	
其中：支付给个人和上交给政府部分	005	
4. 制造费用	006	
（1）生产单位管理人员工资	007	
（2）生产单位管理人员福利费	008	
（3）折旧费	009	
（4）修理费	010	
（5）经营租赁费	011	
（6）保险费	012	
（7）取暖费	013	
（8）运输费	014	
（9）劳动保护费	015	
其中：保健补贴、洗理费	016	
（10）工具摊销	017	
（11）设计制图费	018	
（12）研发、试验检验费	019	
（13）水电费	020	
其中：上缴的各项税费	021	
（14）机物料消耗	022	
（15）差旅费	023	
（16）办公费	024	
（17）劳务费	025	
（18）通信费	026	
（19）外部加工费	027	
（20）社保费	028	
（21）其他制造费用（是指没有包括在上述指标中的支出项目）	029	

指标名称	代码	本年
其中：支付给个人和上交给政府部分	030	
二、营业费用	031	
1. 运输费	032	
2. 装卸费	033	
3. 包装费	034	
4. 保险费	035	
5. 仓库保管费	036	
6. 委托代销手续费	037	
7. 广告费、展览费、宣传费	038	
8. 业务费	039	
9. 经营租赁费	040	
10. 销售服务费用	041	
11. 销售部门人员工资	042	
12. 销售部门人员福利费	043	
13. 差旅费	044	
14. 办公费	045	
15. 通信费	046	
16. 招待费	047	
17. 折旧费	048	
18. 修理费	049	
19. 物料消耗	050	
20. 低值易耗品摊销	051	
21. 社保费	052	
22. 其他营业费用（是指没有包括在上述指标中的支出项目）	053	
其中：支付给个人和上交给政府部分	054	
三、管理费用	055	
1. 公司经费	056	
其中：（1）行政管理人员工资	057	
（2）行政管理人员福利费	058	
（3）折旧费	059	
（4）差旅费	060	
（5）办公费	061	
（6）修理费	062	
（7）机物料消耗	063	
（8）低值易耗品摊销	064	
2. 工会经费	065	
3. 无形资产摊销	066	
4. 通信费	067	

指标名称	代码	本年
5. 印刷费	068	
6. 会议费	069	
7. 水电费	070	
其中：上缴的各项税费	071	
8. 警卫消防费、人防基金	072	
9. 仓库经费	073	
10. 劳动保护费	074	
其中：保健补贴、洗理费	075	
11. 上交管理费	076	
12. 职工取暖费和防暑降温费	077	
13. 劳务费	078	
14. 社保费	079	
15. 住房公积金和住房补贴	080	
16. 董事会费	081	
17. 聘请中介机构费（审计费）	082	
18. 咨询费	083	
19. 诉讼费	084	
20. 业务招待费	085	
21. 税金及上交的各种专项费用	086	
22. 技术转让费	087	
23. 职工教育经费	088	
24. 技术（研究）开发费	089	
其中：支付科研人员的工资及福利费	090	
25. 汽车费支出	091	
26. 排污费	092	
27. 绿化费	093	
28. 坏账准备	094	
29. 存货跌价准备	095	
30. 其他管理费用（是指没有包括在上述指标中的支出项目）	096	
其中：支付给个人和上交给政府部分	097	
四、财务费用	098	
1. 利息支出（净额）	099	
2. 汇兑损失（净额）	100	
3. 金融服务和调剂外汇手续费	101	
4. 其他财务费用	102	
五、补充资料：	—	
工业总产值（当年价格）	103	
其中：新产品产值	104	

指标名称	代码	本年
工业销售产值（当年价格）	105	
其中：出口交货值	106	

单位负责人：　　统计负责人：　　填表人：　　联系电话：　　分机号：　　报出日期：　　20　年　月　日

说明：1. 统计范围：规模以上工业法人单位。

2. 报送时间及方式：2010 年 2 月 23 日前网上填报。

3. 本表保留整数。

4. 审核关系：

表内审核：

（1）制造成本（001）＝直接材料消耗（002）＋直接人工（003）＋其他直接费用（004）＋制造费用（006）

（2）当其他直接费用（004）＞0 时，其他直接费用（004）＞其中：支付给个人和上交给政府部分（005）

（3）制造费用（006）＝生产单位管理人员工资（007）＋生产单位管理人员福利费（008）＋折旧费（009）＋修理费（10）＋经营租赁费（11）＋保险费（12）＋取暖费（13）＋运输费（14）＋劳动保护费（15）＋工具摊销（17）＋设计制图费（18）＋研发、试验检验费（19）＋水电费（20）＋机物料消耗（22）＋差旅费（23）＋办公费（24）＋劳务费（25）＋通信费（26）＋外部加工费（27）＋社保费（28）＋其他制造费用（29）

（4）劳动保护费（015）≥其中：保健补贴、洗理费（016）

（5）当水电费（020）＞0 时，水电费（020）＞其中：上缴的各项税费（021）

（6）当其他制造费用（029）＞0 时，其他制造费用（029）＞其中：支付给个人和上交给政府部分（030）

（7）营业费用（031）＝运输费（032）＋装卸费（033）＋包装费（034）＋保险费（035）＋仓库保管费（036）＋委托代销手续费（37）＋广告费、展览费、宣传费（38）＋业务费（39）＋经营租赁费（40）＋销售服务费用（41）＋销售部门人员工资（42）＋销售部门人员福利费（43）＋差旅费（44）＋办公费（45）＋通信费（46）＋招待费（47）＋折旧费（48）＋修理费（49）＋物料消耗（50）＋低值易耗品摊销（51）＋社保费（52）＋其他营业费用（53）

（8）当其他营业费用（053）＞0 时，其他营业费用（053）＞其中：支付给个人和上交给政府部分（054）

（9）管理费用（055）＝公司经费（056）＋工会经费（065）＋无形资产摊销（066）＋通信费（067）＋印刷费（068）＋会议费（69）＋水电费（70）＋警卫消防费、人防基金（72）＋仓库经费（73）＋劳动保护费（74）＋上交管理费（76）＋职工取暖费和防暑降温费（77）＋劳务费（78）＋社保费（79）＋住房公积金和住房补贴（80）＋董事会费（81）＋聘请中介机构费（审计费）（82）＋咨询费（83）＋诉讼费（84）＋业务招待费（85）＋税金及上交的各种专项费用（86）＋技术转让费（87）＋职工教育经费（88）＋技术（研究）开发费（089）＋汽车费支出（091）＋排污费（092）＋绿化费（093）＋坏账准备（94）＋存货跌价准备（95）＋其他管理费用（96）

（10）公司经费（056）≥行政管理人员工资（057）＋行政管理人员福利费（058）＋折旧费（059）＋差旅费（060）＋办公费（61）＋修理费（62）＋机物料消耗（63）＋低值易耗品摊销（64）

（11）当水电费（070）＞0 时，水电费（070）＞其中：上缴的各项税费（071）

（12）劳动保护费（074）≥其中：保健补贴、洗理费（075）

（13）当技术（研究）开发费（089）＞0 时，技术（研究）开发费（089）＞其中：支付科研人员的工资及福利费（090）

（14）当其他管理费用（096）＞0 时，其他管理费用（096）＞其中：支付给个人和上交给政府部分（097）

（15）财务费用（098）＝利息支出（净额）（099）＋汇兑损失（净额）（100）＋金融服务和调剂外汇手续费（101）＋其他财务费用（102）

（16）工业总产值（当年价格）（103）≥新产品产值（104）

（17）工业销售产值（当年价格）（105）≥出口交货值（106）

附表 1-11　法人单位劳动情况

表　　号：I204 表
制表机关：北京市统计局
　　　　　国家统计局北京调查总队
文　　号：京统发〔2009〕125 号
批准机关：国家统计局
批准文号：国统制〔2009〕71 号

组织机构编码：□□□□□□-□□□　　有效期至：2011 年 12 月底止
单位详细名称（签章）：　　　2010 年　　季度　　计量单位：人、元

指标名称	代码	本季	1~本季
甲	乙	1	2
一、期末人数	01		—
1. 在岗职工	02		—
2. 聘用的其他人员	03		—
聘用的离退休人员	04		—
聘用的港澳台和外籍人员	05		—
其他从业人员	06		—
3. 不在岗职工	07		—
二、平均人数	08		
1. 在岗职工	09		
2. 聘用的其他人员	10		
3. 不在岗职工	11		
三、劳动报酬、生活费	12		
1. 在岗职工工资总额	13		
2. 聘用的其他人员劳动报酬	14		
3. 不在岗职工生活费	15		
四、在岗职工平均工资	16		

单位负责人：　　统计负责人：　　填表人：　　联系电话：　　分机号：　　报出日期：20　年　月　日

　　说明：1. 统计范围：期末从业人员 120 人及以上的非私营规模以上工业法人单位，期末从业人员 50 人及以上的私营规模以上工业法人单位，抽中的期末从业人员 50 人以下的私营规模以上工业法人单位。

　　2. 报送时间及方式：一、二、四季度季后 3 日前，三季度季后 8 日前网上填报。

　　3. 在岗职工平均工资（16）由程序按公式自动生成：　　16＝13/09

　　4. 审核关系：

　　（1）01＝02＋03＋07

　　（2）08＝09＋10＋11

　　（3）12＝13＋14＋15

　　（4）03＝04＋05＋06

附表1-12　工业品出厂价格月报表

表　　号：B208-1表

制表机关：北京市统计局

国家统计局北京调查总队

文　　号：京统发〔2009〕125号

批准机关：国家统计局

组织机构编码：□□□□□□-□□□　　批准文号：国统制〔2009〕71号

单位详细名称（签章）：　　　　2010年　　月　　有效期至：2011年12月底止

产品名称及规格型号	计量单位	代码	报告期单价（元）		报告期平均单价	基期平均单价	
			8日单价	18日单价		上年同期	上期
甲	乙	丙	1	2	3	4	5

补充资料：调查产品销售条件及技术特征描述是否变化：　　　1是□　　　0否□

如有变化请简述价格变动的原因：

单位负责人：　　统计负责人：　　填表人：　　联系电话：　　分机号：　　报出日期：20　年　月　日

说明：1. 统计范围：选中的规模以上工业法人样本单位。

2. 报送时间及方式：当月20日前网上填报。

3. 产品名称及规格型号按照"采集平台"上《工业品价格调查产品目录》填写。

4. 如果调查产品的销售条件、技术特征描述发生变化，按照与报告期同质可比原则调整基期价格，同时要在企业存档调查卡中记录。

5. 审核关系：$3 = [(1) + (2)] \div 2$。

附表 1 –13　固定资产投资项目基本情况

（按项目填报）　表　　　号：201 – 6 表

制表机关：北京市统计局

国家统计局北京调查总队

文　　　号：京统发〔2009〕125 号

批准机关：国家统计局

市场详细名称（签章）：　　　　　　　　　批准文号：国统制〔2009〕71 号

项目名称：　　　　　　2010 年 1 ~ 　　月　　有效期至：2011 年 1 月底止

05 项目编码	06 项目建设地址代码	法人单位通信号码	11 登记注册类型	
□□□□□ □□□—□ □□□	北京市 _____区（县）_____街（乡、镇）_____居（村）委会 □□□□□□ □□□□□	07 邮政编码 □□□□□□ 08 固定电话 □□□□□□□□ □□□□□ 09 电子邮箱 _____ 10 传真电话 □□□□□□□□ □□□□□	内资 110 国有 120 集体 130 股份合作 141 国有联营 142 集体联营 143 国有与集体联营 149 其他联营 151 国有独资公司 159 其他有限责任公司 160 股份有限公司 170 私营 190 其他 □□□	港澳台商投资 210 与港澳台商合资经营 220 与港澳台商合作经营 230 港澳台商独资 240 港澳台商投资股份有限公司 外商投资 310 中外合资经营 320 中外合作经营 330 外资企业 340 外商投资股份有限公司 个体经营 410 个体户 420 个人合伙

12　目所属行业代码	13　属关系	15　建设性质	17 建设阶段
□□□□	10　中央 20　市 40　区（县） 90　其他 □□	1　新建 2　扩建 3　改建和技术改造 4　住宅等生活设施 5　迁建 6　恢复 7　单纯购置　□	1　筹建 2　本年正式施工 3　本年收尾 4　全部停缓建 5　单纯购置 □

续表

18 项目开工时间	19 当年全部建成（投产）时间	21 控股情况	36 城乡分组	16 期末项目建设状态	40 项目审批、核准、备案文号	41 施工许可证号
□□□□年 □□月	□□□□年 □□月	1 国有控股 2 集体控股 3 私人控股 4 港澳台商控股 5 外商控股 9 其他　□	1 城镇 2 农村 □	1 在建 2 全部投产 3 全部停缓建 □	————	————

单位负责人：　　统计负责人：　　填表人：　　联系电话：　　分机号：　　报出日期：20　年　月　日

说明：1. 统计范围：计划总投资 50 万元及以上固定资产投资项目。本表由有投资项目的规模以上工业法人单位报送。

2. 报送时间及方式：月后 2 日前，9 月份月报月后 8 日前，4 月份月报和 12 月份月报月后 4 日前网上填报。

3. 项目编码（05）：市重点工程以 500 为起点；土地一级开发项目以 900 为起点。

附表 1-14　制造业采购经理调查问卷

表　　　号：N241 表

制表机关：国家统计局

文　　　号：国统字〔2009〕106 号

2010 年　　月　　有效期至：2011 年 1 月

A 法人单位名称＿＿＿＿＿＿＿＿＿	B 组织机构（法人单位）代码□□□□□□□□—□

01 生产量：贵企业本月完成的生产量比上月

□增加　　　　　　　□基本持平　　　　　　　□减少

02 产品订货：贵企业本月来自客户的产品订货数量比上月

□增加　　　　　　　□基本持平　　　　　　　□减少

021 出口订货：贵企业本月用于出口的产品订货数量比上月

□增加　　　□基本持平　　　□减少　　　□没有出口

03 现有订货：贵企业目前存有但尚未交付客户的产品订货数量比一个月前

□增加　　　□基本持平　　　□减少　　　□不好估计

04 产成品库存：贵企业目前主要产品的产成品库存数量比一个月前

□增加　　　□基本持平　　　□减少

05 采购量：贵企业本月主要原材料（含零部件）的采购数量比上月

　□增加　　　□基本持平　　　□减少

051 进口：贵企业本月主要原材料（含零部件）的进口数量比上月

□增加　　　□基本持平　　　□减少　　　□没有进口

06 购进价格：贵企业本月主要原材料（含零部件）的平均购进价格比上月

□上升　　　　　　　□变化不大　　　　　　　□下降

061 在本月购进的主要原材料中，价格上升或下降的有哪些？（请按常用名称列示）

价格上升：_____

价格下降：_____

07 主要原材料库存：贵企业目前主要原材料（含零部件）的库存数量比一个月前

□增加　　　　　　　　　□基本持平　　　　　　　　　□减少

08 生产经营人员：贵企业目前主要生产经营人员的数量比一个月前

□增加　　　　　　　　　□基本持平　　　　　　　　　□减少

09 供应商配送时间：贵企业本月主要供应商的交货时间比上月

□放慢　　　　　　　　　□差别不大　　　　　　　　　□加快

091 下列各类原材料一般需要提前多少天订货？（不包括套期保值与投机商品）

　　国内采购的生产用原材料　□随用随买□30 天□60 天□90 天　□6 个月　□1 年

　　进口的生产用原材料　　　□随用随买□30 天□60 天□90 天　□6 个月　□1 年　□没有进口

　　生产或维修用零部件　　　□随用随买□30 天□60 天□90 天　□6 个月　□1 年

　　生产用固定资产　　　　　□随用随买□30 天□60 天□90 天　□6 个月　□1 年　　没有订货

092 在企业主要原材料中，本月出现供应短缺的有哪些？（请按常用名称列示）：_____

10 贵企业目前在原材料采购中遇到的主要问题或困难是什么？您有何评价或建议？

采购经理：　　　　　　　电话：　　　　　　　　　　　报出日期：20　　年　　月　　日

说明：1. 统计范围：选中的规模以上工业法人样本单位及其负责采购（或供应）的经理。

2. 报送时间及方式：月末 25 日前网上直报国家统计局，网址：http：//www.stats.gov.cn。

3. 本表由制造业企业采购（或供应）经理填报。

4. 注意事项：

（1）主要产品的确认：根据企业产品产量比重或主要经营活动进行确认，通常是指产量比重较大或企业通常认可的一种或若干种主要产品；

（2）主要原材料的确认：企业生产经营活动中消耗量较大或经常使用的一种或若干种原材料，包括能源、中间产品、半成品和零部件；

（3）主要原材料名称列示：在列示价格上升或下降、供应短缺的主要原材料名称时，一般使用通用名称，不使用专用名称；

（4）原材料提前订货时间：企业所使用的各类原材料（分为国内采购的生产用原材料、进口的生产用原材料、生产或维修用零部件、生产用固定资产）需求提前多长时间（大约数）进行订货，不包括套期保值或投机用的原材料；

（5）选项的界限："基本持平"、"变化不大"或"差别不大"选项的界限主要由企业采购经理根据自己平时的经验进行判断，一般情况下，价格变化幅度在 ±2% 以内可以视为"变化不大"，而其他指标变化幅度在 ±5% 以内可以视为"基本持平"或"差别不大"；

（6）对比期的确定：对于流量问题（时期指标，如生产量、采购量等），对比期为上个月；对于存量问题（时点指标，如库存量、人员等），对比期为一个月前。

附表 1-15　工业企业能源购进、消费及库存

表　　号：B105-3 表

制表机关：北京市统计局

　　　　　国家统计局北京调查总队

文　　号：京统发〔2009〕125 号

批准机关：国家统计局

机构代码：　　　　　　　　　　　　　　批准文号：国统制〔2009〕71 号

单位详细名称（盖章）：　　　　2009 年　　　有效期至：2010 年 6 月底

能源名称	计量单位	代码	参考折标煤系数	采用折标煤系数	期初能源库存量	购进量	购进金额（千元）	能源消费量	工业生产消费	用于原材料消费	非工业生产消费	合计中：运输工具消费	期末能源库存量
甲	乙	丙	丁	0	1	2	3	4	5	6	7	8	9
能源合计	吨标准煤	30											

补充资料：1. 本年：综合能源消费量（31）_____吨标准煤　工业总产值（上年价）（38）_____千元

2. 上年同期：综合能源消费量（32）_____吨标准煤　非工业生产能源消费（33）_____吨标准煤

电力消费合计（34）_____万千瓦时　工业生产的电力消费（35）_____万千瓦时

单位负责人：　　　统计负责人：　　　填表人：　　　联系电话：　　　分机：　　　填报日期：

说明：1. 统计范围：规模以上工业法人单位（不含有能源加工转换活动的单位）。

2. 报送时间及方式：2010 年 2 月 26 日前网上填报。

3. 能源合计下按《工业企业能源购进、消费、库存目录及代码》填写。

4. 上表中"丁栏"为参考折标煤系数，企业如有实测值，以实测值为准，修改"采用折标煤系数"栏中数值。

5. 本表折标煤系数栏保留四位小数，其余各栏保留两位小数。

6. 主要能源品种单位换算系数：

汽油：1 升 = 0.74 千克　重柴油：1 升 = 0.92 千克　轻柴油：1 升 = 0.87 千克

煤油：1 升 = 0.81 千克　燃料油：1 升 = 0.91 千克　残渣燃料油 1 升 = 0.95 千克

液化石油气：1 立方米 = 2.033 千克　　电力：1 万千瓦时 = 万度

天然气：1 立方米气态天然气 = 0.725 6 千克液化天然气

液化石油气：1 大罐（餐饮业用）= 50 千克，1 中罐（家庭用）= 15 千克，1 小罐（餐饮业用）= 5 千克

7. 审核关系：（1）4 = 5 + 7；（2）4≥8；（3）5≥6；

（4）电力、热力、焦炉煤气、其他煤气、高炉煤气、天然气没有期初期末库存；

（5）综合能源消费量 = 工业生产消费的能源合计。

附表 1-16 工业企业样本调查表

表　　号：B111 表

制表机关：北京市统计局

国家统计局北京调查总队

文　　号：京统发〔2009〕125 号

批准机关：国家统计局

批准文号：国统制〔2009〕71 号

201　年　　　　　　有效期至：2011 年 12 月底止

一、企业基本情况

企业分类标识：□　1. 目录企业　2. 非目录企业	企业详细地址：
企业详细名称：＿＿＿＿＿＿＿＿＿	＿＿＿＿＿＿区（县）
组织机构代码：□□□□□□□□-□	＿＿＿＿＿＿＿＿＿＿街道（乡、镇）
法定代表人（负责人）：＿＿＿＿＿＿	＿＿＿＿＿＿社区居（村）委会＿＿＿＿号
联系电话（含区号和分机）：＿＿＿＿＿	企业创建年份：＿＿＿＿年
登记注册类型：□□□	邮政编码：□□□□□□
主要业务活动（或主要产品）：＿＿＿＿＿	区划代码：□□□□□□-□□□-□□□
行业类别代码：□□□□	

二、企业主要经济指标

指标名称	计量单位	代码	本年	上年同期	指标名称	计量单位	代码	本年	上年同期
甲	乙	丙	1	2	甲	乙	丙	1	2
期末从业人员	人	01			工资及福利	千元	13		
参加基本养老保险人数	人	02			社会保险费	千元	14		
参加基本医疗保险人数	人	03			固定资产折旧	千元	15		
工业总产值（当年价格）	千元	04			资产总计	千元	16		
营业收入	千元	05			固定资产原价	千元	17		
主营业务收入	千元	06			固定资产净值	千元	18		
税金总额	千元	07			应收账款	千元	19		
应交所得税	千元	08			应付账款	千元	20		
主营业务税金及附加	千元	09			利息支出	千元	21		
税金（管理费用中）	千元	10			银行借款利息	千元	22		
应交增值税	千元	11			民间借款利息	千元	23		
营业利润	千元	12							

续表

三、企业能源消费量

能源品种	计量单位	代码	本年	上年同期	能源品种	计量单位	代码	本年	上年同期
甲	乙	丙	1	2	甲	乙	丙	1	2
电力	千瓦时	24			柴油	吨	28		
煤吨	吨	25			液化石油	吨	29		
焦炭	吨	26			天然气	立方米	30		
汽油	吨	27							

单位负责人：　统计负责人：　填表人：　联系电话：　分机号：　报出日期：20　年　月　日

说明：1. 统计范围：规模以下工业法人样本单位。

2. 报送时间及方式：按所在地统计机构规定的时间和方式报送。

3. 本表调查时期为 1～11 月。

4. 主要业务活动（或主要产品）由企业填写，行业类别代码由各区县统计局、调查队按《国民经济行业分类》（GB/T4754—2002）小类填写。

5. 本表保留两位小数。

6. 审核关系

行关系：

（1）0 < 期末从业人员（01）< 300

（2）期末从业人员（01）≥参加基本养老保险人数（02）

（3）期末从业人员（01）≥参加基本医疗保险人数（03）

（4）0 < 工业总产值（当年价格）（04）< 10 000

（5）0 < 营业收入（05）< 10 000

（6）0 < 主营业务收入（06）< 10 000

（7）0 < 税金总额（07）< 5 000

（8）应交所得税（08）< 税金总额（07）

（9）主营业务税金及附加（09）< 税金总额（07）

（10）税金（管理费用中）（10）< 税金总额（07）

（11）应交增值税（11）< 税金总额（07）

（12）-400 < 营业利润（12）< 4 000

（13）2 < 工资及福利（13）/期末从业人员（01）< 200

（14）工资及福利（13）> 社会保险费（14）

（15）固定资产折旧（15）> 0

（16）0 < 资产总计（16）< 90 000

（17）资产总计（16）> 固定资产净值（18）

（18）0 < 固定资产原价（17）< 90 000

（19）固定资产原价（17）≥固定资产净值（18）

列关系：

（01）至（30）各指标本年实际与上年同期比较：0.5≤本年实际（1）/上年同期（2）≤2

附表1-17 个体工业调查表

表　　　号：B114 表
制表机关：北京市统计局
　　　　　　国家统计局北京调查总队
文　　　号：京统发〔2009〕125 号
批准机关：国家统计局
批准文号：国统制〔2009〕71 号

2009 年　　　　　有效期至：2011 年 12 月底止

一、样本村基本情况

社区居（村）委会名称：＿＿＿＿＿ 区（县）＿＿＿＿＿街道（乡、镇）＿＿＿＿＿社区居（村）委会

社区居（村）委会所在地邮政编码：□□□□□□

区划代码：□□□□□□－□□□－□□□

二、样本村内个体工业单位情况

单位名称	序号	业主姓名	联系电话（含区号和分机）	主要业务活动（或主要产品）	行业类别代码	期末从业人员（人）	营业收入（千元）		生产支出（千元）	工资及福利（千元）	资产总计（千元）
							本年	上年同期			
甲	乙	丙	丁	戊	己	1	2	3	4	5	6

三、样本村内个体工业单位能源消费量

电力（千瓦时）	煤（吨）	焦炭（吨）	汽油（吨）	柴油（吨）	液化石油气（吨）	天然气（立方米）
7	8	9	10	11	12	13

单位负责人：　　统计负责人：　　填表人：　　联系电话：　　分机号：　　报出日期：20　年　月　日

说明：1. 统计范围：样本社区居（村）委会。

2. 报送时间及方式：按所在地统计机构规定的时间和方式报送。

3. 本表调查时期为 1～11 月。

4. 主要业务活动（或主要产品）由个体经营工业户填写，行业类别代码由各区县统计局、调查队按《国民经济行业分类》（GB/T4754—2002）小类填写。

5. 本表保留两位小数。

6. 甲栏分单位逐个填写。

7. 序号从 001 开始依次填写。

8. 审核关系：

(1) 0 < 期末从业人员（1）< 300

(2) 0 < 营业收入（2）< 10 000

(3) 0.5 ≤ 营业收入（2）/（3）≤ 2

(4) 生产支出（4）< 营业收入（2）

(5) 2 < 工资及福利（5）/期末从业人员（1）< 100

(6) 0 < 资产总计（6）< 90 000

附表 1－18　商品交易市场基本情况

表　　　号：101－4 表
制表机关：北京市统计局
　　　　　　国家统计局北京调查总队
文　　　号：京统发〔2009〕125 号
批准机关：国家统计局
批准文号：国统制〔2009〕71 号

市场编码：□□□□□□－□□□
市场规模：1 亿元以上市场　2 亿元以下市场 □　2009 年　有效期至：2011 年 12 月底止

| 01 市场详细名称（盖章）

―――――――――――
02 市场管理机构组织机构代码
　□□□□□□□□－□
03 市场管理机构负责人

―――――――――――― | 04 市场经营地详细地址
――――省（自治区、直辖市）
――――地（区、市、州、盟）
――――县（区、市、旗）
――――乡（镇）
――――街（村）、门牌号
05 区划代码
　□□□□□□－□□□－□□□ | 06 通信号码
固定电话 □□□□□□□□
分机号　 □□□□□
传真电话 □□□□□□□□
分机号　 □□□□□
邮政编码 □□□□□□ |
| 07 经营环境
　1. 露天式
　2. 封闭式
　3. 其他　　　　　　□ | 08 营业状态
　1. 常年性营业
　2. 季节性营业
　3. 其他　　　　　　□ | 09 经营方式
　1. 批发（或以批发为主）
　2. 零售（或以零售为主）
　　　　　　　　　　□ |

10 开业时间	11 市场地理位置		12 市场规模指标		
□□□□年 □□月	1. 二环以内 2. 二环至三环以内 3. 三环至四环以内 4. 四环至五环以内 5. 五环至六环以内 6. 六环以外	指标名称	计量单位	代码	本年
		市场营业面积	平方米	121	
		总摊位数（市场摊位容量）	个	122	
		市场出租摊位数	个	123	
		其中：个体户承租摊位数	个	124	

13 市场类别（单选）
（按《商品交易市场类别目录》填报）　　　　　　　　　　　　　　□□□

单位负责人：　统计负责人：　填表人：　联系电话：　分机号：　报出日期：20　年　月　日

说明：1. 统计范围：商品交易市场。

2. 报送时间及方式：2010 年 1 月 20 日前网上填报。

3. 市场类别按《商品交易市场类别目录》填报。

4. 审核关系：

表内审核：

（1）市场营业面积（121）＞0　　　　　（2）总摊位数（市场摊位容量）（122）＞0

（3）市场出租摊位数（123）≥0　　　　（4）个体户承租摊位数（124）≥0

（5）总摊位数（市场摊位容量）（122）≥市场出租摊位数（123）

（6）市场出租摊位数（123）≥个体户承租摊位数（124）

表间审核：

"市场出租摊位数（123）" ＝ E102－10 表"市场出租摊位数（1）"总计

附表 1-19　住宿和餐饮业经营情况

表　　　号：E102-4 表

制表机关：北京市统计局

国家统计局北京调查总队

文　　　号：京统发〔2009〕125 号

批准机关：国家统计局

批准文号：国统制〔2009〕71 号

有效期至：2011 年 12 月底止

计量单位：千　　元

单位编码：□□□□□□-□□□

单位详细名称（签章）：　　　　　2009 年

指标名称	代码	市场成交总额（万元）
甲	乙	1
营业额	01	
1. 客房收入	02	
2. 餐费收入	03	
3. 商品销售额	04	
4. 其他收入	05	
餐费收入和商品销售额中：	—	
集团消费收入	06	
持卡消费收入	07	

补充资料：床位数（08）_____个　餐位数（09）_____位　客房数（10）_____间

单位负责人：　统计负责人：　填表人：　联系电话：　分机号：　报出日期：20　年　月　日

说明：1. 统计范围：星级饭店，星级饭店以外限额以上住宿和餐饮业法人单位、个体经营户、京外地区法人单位和本市非住宿和餐饮业法人单位所属在京的限额以上住宿和餐饮业产业活动单位。

2. 报送时间及方式：2010 年 2 月 10 日前网上填报。

3. 法人单位填报的数据中包括全部住宿和餐饮业产业活动单位数据（包括外地住宿和餐饮业产业活动单位）。

4. 审核关系：

（01）01＝02＋03＋04＋05

（02）03＋04≥06

（03）03＋04≥07

附表2－1　产品产量计划执行及劳动定额执行统计表
（品种表）

年　　　　月

品种	计量	计划			实际			计划完成率（%）	
		投入劳动力（人）	劳动定额	产量	劳动力投入（人）	产量	劳动生产率	产量	劳动定额
乙	丙	（1）	（2）	（3）	（4）	（5）	（6）	（7）	（8）
合计									

制表：　　　　　　　　　审核：　　　　　　　　　　　　填制日期：

说明：（1）本表主要为月表，但适用季表或年表的编制。

（2）本表的劳动定额及劳动生产率，既可用成品生产量（是否含来料加工产量，各单位自定）来计算，其计量形式为"某品种计量单位/人"，也可用价值量来计算，其计量形式是"千元/人"。

（3）合计数应以价值量填写。

（班组表）

年　　　　月　　　　　　　　　　　　价值计量单位：千元

班组	品种	计划			实际			计划完成率（%）	
		投入劳动力（人）	劳动定额	产值	劳动力投入（人）	产值	劳动生产率（千元/人）	产值	劳动定额
甲	乙	（1）	（2）	（3）	（4）	（5）	（6）	（7）	（8）
合计									

制表：　　　　　　　　　审核：　　　　　　　　　　　　填制日期：

说明：（1）本表主要为月表，但适用季表或年表的编制。

（2）本表的品种列是可选项，当一个班组同时生产多个品种时可合并价值后在一行中填列；若同时罗列多品种，应增加小计行。

（3）本表只列价值量时，可包括产成品价值、来料加工产品价值、在制品半成品期末期初差额三部分。其中不结算来料成本的来料加工产品的计价应采用内部价格，而不应只包含加工费。

（4）合计数应以价值量填写。

附表 2-2 　增加值构成统计表

年　　　　　　　　　　　　　　　　　　　　　计量单位：千元

增加值项目	本期增加值	本年构成（％）	去年构成（％）
合计			

制表：　　　　　　　　　　审核：　　　　　　　　　　填制日期：

说明：本表主要为年表。

附表 2-3 　销售品种结构及其变化报表

年　月　　　　　　　　　　　　　　　　　　　　计量单位：千元

产品名称	销售值		销售品种结构			订货额		订货品种结构		
	本月	本年累计	去年	本月	本年累计	本月	本年累计	去年	本月	本年累计
甲	（1）	（2）	（3）	（4）	（5）	（6）	（7）	（8）	（9）	（10）
合计										

制表：　　　　　　　　　　审核：　　　　　　　　　　填制日期：

说明：（1）本表主要为月表，但适用季表或年表的编制。

（2）本表中的品种只包括自备料生产的对外销售部分。

附表2－4　销售计划执行情况统计表
（品种表）
年　月

品种	计量	计划		实际		计划完成率（%）	
		销量	销售值	销量	销售值	销量	销售值
甲	乙	（1）	（2）	（3）	（4）	（5）	（6）

制表：　　　　　　　　审核：　　　　　　　　填制日期：

说明：（1）本表主要为月表，但适用季表或年表的编制。

（2）本表的产品应只自备料生产的对外销售产品，而不包括来料加工产品。

（3）本表的销售值应采用实际价格计算。

（班组表）
年　月　　　　　　　　　　　　　　　计量单位：千元

销售班组（或姓名）	品种	计划		实际		计划完成率（%）	
		销量	销售值	销量	销售值	销量	销售值
甲	乙	（1）	（2）	（3）	（4）	（5）	（6）

制表：　　　　　　　　审核：　　　　　　　　填制日期：

说明：（1）本表主要为月表，但适用季表或年表的编制。

（2）当一个班组（或个人）同时销售多个品种时，可合并价值量后统计在一行中，此时的品种栏和销量栏可省略。若分品种详细填列，应增加小计行，小计只统计价值即可。

（3）本表中的销量及销售值应只包括自备料生产的对外销售部分。

附表 2－5　销售渠道及其变化报表

统计对象：　　　　　　　　　　年　　月　　　　　　　　计量单位：千元

销售渠道	本月		本年累计		去年
	销售额	构成	销售	构成	构成
合计					

制表：　　　　　　　　　审核：　　　　　　　　　　　填制日期：

说明：（1）本表主要为月表。

（2）本表可以分总销售额及品种分别统计（统计对象）。

（3）本表的销售额应只包括自备料生产的对外销售部分。

附表2-6 产销存、订货及其变化报表

年 月

产品名称	计量单位	期初		生产				销售及其他		销售		库存			订货			
		月初	年初	本月	比上月	本年累计	比上年	本月	比上月	本年累计	比上年	本月	比上月	比上年	本月	比上月	本年累计	比上年
甲	乙	1	2	3	4	5	6	7	8	9	10	11	12	13	14	15	16	17
合计																		

制表： 审核： 填制日期：

说明：(1)本表主要为月表。

(2)表内审核关系:1+3-7=11;2+5-9=11。

(3)订货栏中的比上年,用订货的本年累计/订货的上年同期本年累计。

附表 2-7 主要材料进销存及其变化报表

20　　年　　月

计量：元

材料名称	计量单位	期初库存		本期购进				耗用及卖出			期末库存		
		数量	金额	数量	金额	价格	比上月	数量	价格	金额	数量	价格	金额
甲	乙	1	2	3	4	6	7	8	9	10	11	12	13
合计													

制表：　　　　　　　　　　　　审核：　　　　　　　　　　　　填制日期：

说明：（1）本表为月报表，品种（或规格）较多时，可选择主要品种（或规格）编制。

（2）购进价格 = 购进金额/购进数量；6 = 4/3。

（3）耗用价格和期末价格 = （期初金额 + 本期购进金额）/（期初数量 + 本期购进数量）；

　　　9 或 12 = （2 + 4）/（1 + 3）。

（4）期末库存量 = 期初库存量 + 本期购进 - 耗用及卖出；11 = 1 + 3 - 8。

（5）耗用金额和期末库存金额都等于本栏的数量乘单价；10 = 8 × 9；13 = 11 × 12。

附表 2-8　工业生产岗位消耗统计表

部门（车间）：　　　　　　　统计日期：　　　月份　　　　　　　　计量：元

序号	类别	材料名称	单位	上月岗位库存		本月领取		本月岗位结存		本月消耗		
				数量	金额	数量	金额	数量	金额	数量	金额	单价
甲	乙	丙	丁	(1)	(2)	(3)	(4)	(5)	(6)	(7)	(8)	(9)

制表：　　　　　　　　审核：　　　　　　　　　　填制日期：

说明：（1）本表为月报表，先由各车间（岗位）填写并上交，再由统计部门汇总。

（2）本表算法计算本月消耗。本月消耗量（额）＝上月岗位库存量（额）＋本月领取量（额）－本月岗位结存量（额）。

（3）本月消耗＝本月消耗额/本月消耗量。

附表 2-9　制造费用分配表
年　　月

分配依据：　　　　　　　　　计量单位：

品种	分配依据	分配率	制造费用
甲	1	2	3
合计			

制表：　　　　　　　　审核：　　　　　　　　　　填制日期：

说明：（1）本表的分配依据和计量单位依生产单位的具体情况而定。

（2）分配率栏的计算过程是可选的，计算结果是必须的。

（3）审核关系：3＝1×2

附表2-10 主要产品单位产品成本计算及其变化表
年 月

产品名称： 规格： 计量单位： 本月产量：

成本项目	本月实际			本月计划			比上月	
	总成本	单位成本	构成（%）	单位成本	完成情况	上月单位成本	上月构成	单位成本变化
直接材料								
直接人工								
制造费用								
合计								

制表： 审核： 填制日期：

说明：本表为月表。

附表2-11 主要产品单位产品成本计划执行及其变动汇总表
年 月

品种	计量	本月实际单位成本	上月实际单位成本	本月计划单位成本	单位成本计划完成率%	单位成本比上月（%）
甲	乙	1	2	3	4	5

制表： 审核： 填制日期：

说明：（1）本表为月表。

（2）表内审核：3＝1/2。

附表 2－12（1）　　管理人员工资计算表（一）

员工编号	所属部门	姓名	基本工资	岗位工资标准	岗位系数	考核工资标准	考核系数	岗位工资	考核工资	厂龄补贴	加班费	扣考勤
A	B	C	1	2	3	4	5	6	7	8	9	10

制表：　　　　　　　　　　　　　　　　　　　　　审核：

表内审核：6 = 2 × 3；7 = 4 × 5；11 = 1 + 6 + 7 + 8 + 9 － 10；14 = 11 － 12 － 13 － 个税基数 3500；18 = 11 － 12 － 13 － 15 － 16 + 17；23 = 18 － 19 － 20 － 21 － 22。

管理人员工资计算表（二）

工资总额	公积金	扣社保	计税工资	应交所得税	税后扣费	税后补贴	应发工资	房租水电	扣工会费	扣互助金	其他扣费	实发工资
11	12	13	14	15	16	17	18	19	20	21	22	23

经理：　　　　　　　　　　　　　　　　　　　　　填制日期：

说明：本表为月表。

175

附表 2 - 12（2） 计件人员工资计算表（一）

员工编号	所属部门	姓名	厂龄	基本工资	产量	计件单价	计件工资	夜餐费	厂龄补贴	加班费	扣考勤
A	B	C	1	2	3	4	5	6	7	8	9

制表：   审核：

说明：$5 = 3 \times 4$；$10 = 2 + 5 + 6 + 7 + 8 - 9$；$13 = 10 - 11 - 12 - 个税基数 3500$；$17 = 10 - 11 - 12 - 14 - 15 + 16$；$22 = 17 - 18 - 19 - 20 - 21$。

计件人员工资计算表（二）

工资总额	公积金	扣社保	计税工资	应交所得税	税后扣费	税后补贴	应发工资	房租水电	扣工会费	扣互助金	其他扣费	实发工资
10	11	12	13	14	15	16	17	18	19	20	21	22

经理：   填制日期：

说明：本表为月表。

附表 2-13　税费与销售值对比及变化统计表
年　　月（季）

本期销售值：　　　　　　　　　　　　　　　　　　　　　　　　　计量单位：千元

费用项目	本期计划	本期实际	计划完成率（%）	费用项目比销售值（%）		
				本期	上期	上年同期
营业成本						
管理费用						
营业费用						
财务费用						
营业税金及附加						
合计						

制表：　　　　　　　审核：　　　　　　　　　　日期：

说明：此表可用作季表或年表。当此表为年表时，上期及上年同期两列数相同，填其一则可。

附表 2-14　经济效益及其变化报表
年　　月（季）

项　　目	本期数	上期数	上年同期	比上期	比上年同期
总资产贡献率（%）					
资本保值率（%）					
资产负债率（%）					
流动资产周转率（次）					
全员劳动生产率（元/人）					
销售利润率（%）					
净资产收益率（%）					

制表：　　　　　　　审核：　　　　　　　　　　日期：

说明：（1）本表可以用作季表或年表，但本表为年表时，比上期和比上年同期两列数相同，填列其一则可。

（2）表内关系审核：比上期＝本期数－上期数；比上年同期＝本期数－上年同期期。

附表 2 – 15　安全统计表

年　　月　　　　　　　　　　　　计量单位：次、人、万元

时间	事件性质		事件级别				伤亡人数			经济损失	
	人为事件	意外事件	一般	较大	重大	特大	轻伤	重伤	死亡	直接	间接
合计											

制表：　　　　　　　　　　审核：　　　　　　　　　　日期：

说明：（1）本表为月表，但同时可用作季表或年表。

（2）本表既分次统计，又统计总数。

（3）分次统计中，在事件性质及事件级别的相应栏中打钩，在合计统计中，在相应栏中统计事件数。

附表 2 – 16　工资、劳动生产率及其变动统计表

年　　月

部门	计量	劳动生产率			平均工资			工资及劳动生产率变化的差异	
		本期	上比期	比上年同期	本期	比上期	比上年同期	比上期差异	比上年同期差异
甲	乙	1	2	3	4	5	6	7	8

制表：　　　　　　　　　　审核：　　　　　　　　　　日期：

说明：（1）本表为月表，但同时可用作季表或年表。

（2）表内审核：7 = 5 – 2；8 = 6 – 3。

附表 2-17　工业企业产品质量统计表

产品名称：　　　　　　　　　　年　　　月（季）　　　　　　　　　　　计量单位：

指标名称	计量单位	本期实际数	本期止累计数	本期比上期（%）	本期累计比上年同期（%）
产量（入库数）					
内部损失成本					
外部损失成本					
销售量					
优等品产量					
一等品产量					
合格品产量					

制表：　　　　　　　审核：　　　　　　　　　　日期：

说明：（1）本表为月表，但可用作季表或年表。

（2）每一个品种编制一个表。

（3）各品种数量的计量依实际情况而定。

附表 2-18　企业年度研发费用汇总表

年

科目	各个项目名称					合计	销售收入总额	研发费占收入的百分比
一、内部研究开发投入								
其中：人员人工								
直接投入								
折旧费用与长期费用摊销								
设计费								
设备调试费								
无形资产摊销								
其他费用								
二、委托外部研究开发投入额								
其中：境内的外部研究开发投入额								
三、研究开发投入额（内、外部）小计								

制表：　　　　　　　审核：　　　　　　　　　　日期：

说明：（1）本表为年表；

（2）研究开发投入额（内、外部）小计＝内部研究开发投入额＋委托外部研究开发投入额。

附　件

附件 1　报表类别与国民经济行业分类对照表

报表类别	行业类别	行业代码
A 农业	A 农、林、牧、渔业	01～05
B 工业	B 采矿业	06～11
	C 制造业	13～43
	D 电力、燃气及水的生产和供应业	44～45
C 建筑业	E 建筑业	47～50
D 运输邮电业	F 交通运输、仓储和邮政业	51～59
	G 电信	601
E 批发和零售业、住宿和餐饮业	H 批发和零售业	63、65
	I 住宿和餐饮业	66、67
F 服务业	G 信息传输、计算机服务和软件业	60～62（扣除中类 601）
	L 租赁和商务服务业	73～74
	M 科学研究、技术服务和地质勘查业	75～78
	N 水利、环境和公共设施管理业	79～81
	O 居民服务和其他服务业	82～83
	P 教育	84
	Q 卫生、社会保障和社会福利业	85～87
	R 文化、体育和娱乐业	88～92
	S 公共管理和社会组织	93～97
J 金融业	J 金融业	68～71
X 房地产业	K 房地产业	72

附件2 统计上大中小型单位划分标准

行业类别	指标名称	计量单位	大型	中型	小型
农、林、牧、渔业	从业人员数	人	3 000 及以上	500 ~ 3 000	500 以下
	销售额	万元	15 000 及以上	1 000 ~ 15 000	1 000 以下
工业	从业人员数	人	2 000 及以上	300 ~ 2 000	300 以下
	销售额	万元	30 000 及以上	3 000 ~ 30 000	3 000 以下
	资产总额	万元	40 000 及以上	4 000 ~ 40 000	4 000 以下
建筑业	从业人员数	人	3 000 及以上	600 ~ 3 000	600 以下
	销售额	万元	30 000 及以上	3 000 ~ 30 000	3 000 以下
	资产总额	万元	40 000 及以上	4 000 ~ 40 000	4 000 以下
交通运输业	从业人员数	人	3 000 及以上	500 ~ 3 000	500 以下
	销售额	万元	30 000 及以上	3 000 ~ 30 000	3 000 以下
装卸搬运和其他运输服务业	从业人员数	人	500 及以上	100 ~ 500	100 以下
	销售额	万元	15 000 及以上	1 000 ~ 15 000	1 000 以下
仓储业	从业人员数	人	500 及以上	100 ~ 500	100 以下
	销售额	万元	15 000 及以上	1 000 ~ 15 000	1 000 以下
邮政业	从业人员数	人	1 000 及以上	400 ~ 1 000	400 以下
	销售额	万元	30 000 及以上	3 000 ~ 30 000	3 000 以下
电信业	从业人员数	人	500 及以上	100 ~ 500	100 以下
	销售额	万元	15 000 及以上	1 000 ~ 15 000	1 000 以下
信息传输业	从业人员数	人	400 及以上	100 ~ 400	100 以下
	销售额	万元	30 000 及以上	3 000 ~ 30 000	3 000 以下
计算机服务及软件业	从业人员数	人	300 及以上	100 ~ 300	100 以下
	销售额	万元	30 000 及以上	3 000 ~ 30 000	3 000 以下
批发业	从业人员数	人	200 及以上	100 ~ 200	100 以下
	销售额	万元	30 000 及以上	3 000 ~ 30 000	3 000 以下
零售业	从业人员数	人	500 及以上	100 ~ 500	100 以下
	销售额	万元	15 000 及以上	1 000 ~ 15 000	1 000 以下
住宿和餐饮业	从业人员数	人	800 及以上	400 ~ 800	400 以下
	销售额	万元	15 000 及以上	3 000 ~ 15 000	3 000 以下
金融业	从业人员数	人	500 及以上	100 ~ 500	100 以下
	净资产总额	万元	50 000 及以上	5 000 ~ 50 000	5 000 以下
房地产业	从业人员数	人	200 及以上	100 ~ 200	100 以下
	销售额	万元	15 000 及以上	1 000 ~ 15 000	1 000 以下

续表

行业类别	指标名称	计量单位	大型	中型	小型
租赁业	从业人员数	人	300 及以上	100 ~ 300	100 以下
	销售额	万元	15 000 及以上	1 000 ~ 15 000	1 000 以下
科学研究、技术服务和商务服务业	从业人员数	人	400 及以上	100 ~ 400	100 以下
	销售额	万元	15 000 及以上	1 000 ~ 15 000	1 000 以下
地质勘查和水利、环境管理业	从业人员数	人	2 000 及以上	600 ~ 2 000	600 以下
	销售额	万元	20 000 及以上	2 000 ~ 20 000	2 000 以下
公共设施管理业	从业人员数	人	500 及以上	100 ~ 500	100 以下
	销售额	万元	15 000 及以上	1 000 ~ 15 000	1 000 以下
居民服务业	从业人员数	人	800 及以上	200 ~ 800	200 以下
	销售额	万元	15 000 及以上	1 000 ~ 15 000	1 000 以下
其他服务业	从业人员数	人	500 及以上	100 ~ 500	100 以下
	销售额	万元	15 000 及以上	1 000 ~ 15 000	1 000 以下
教育	从业人员数	人	500 及以上	100 ~ 500	100 以下
	销售额	万元	15 000 及以上	1 000 ~ 15 000	1 000 以下
卫生、社会保障和社会福利业	从业人员数	人	500 及以上	100 ~ 500	100 以下
	销售额	万元	15 000 及以上	1 000 ~ 15 000	1 000 以下
文化、体育和娱乐业	从业人员数	人	600 及以上	200 ~ 600	200 以下
	销售额	万元	15 000 及以上	3 000 ~ 15 000	3 000 以下

说明:

1. 为满足我市统计研究需要,依据国家统计局(国统字〔2003〕17 号)和国务院国有资产监督管理委员会(国资厅评价函〔2003〕327 号)的规定,结合统计工作实际,制定本划分办法。

2. 工业、建筑业、交通运输业、邮政业、批发和零售业、住宿和餐饮业的划分标准源自国家统计局文件,其他行业划分标准源自国务院国有资产监督管理委员会文件。

3. "工业"包括采矿业,制造业,电力、燃气及水的生产和供应业三个行业。

4. 上述指标均取自统计年度数据。其中,"从业人员数"取自各行业财务状况表中的"从业人员平均人数";批发和零售业"销售额"取自《批发和零售业法人单位商品购进、销售和库存》(E102 - 1 表)中的"商品销售总额",金融业"净资产总额"取自财务状况表中的"所有者权益合计",其他行业的"销售额"取自财务状况表中的"主营业务收入";"资产总额"取自各行业财务状况表中的"资产总计"。

5. 大型和中型单位须同时满足所列各项条件的下限指标,否则下划一挡。

6. 执行行政、事业会计制度的单位不划分大中小型。

附件3　工业中间投入合计计算表

倒算发	代码	倒算发	代码
一、生产成本中的中间投入（100＝110＋120）	100	（13）差旅费的6.4%	214
（一）直接材料（110＝101＋…＋104）	110	（14）职工降温、取暖补贴	215
（1）产成品消耗材料	101	（15）交通、通信补助（以现金形式支付给个人的部分）	216
（2）半成品在制品消耗材料	102	（16）工作餐费（见注）	217
（3）修理用备件、包装物及其他辅助材料	103	（17）房产税	218
（4）燃料、动力	104	（18）车船使用税	219
（二）制造费用和其他直接费用中的中间投入（120＝121－122－…－152）	120	（19）土地使用税	220
		（20）印花税	221
制造费用和其他直接费用合计	121	（21）上缴政府部门的排污费	222
减：（1）工资	122	（22）上缴的管理费	223
（2）福利	123	（23）土地损失补偿费	224
（3）折旧	124	（24）工会经费	225
（4）养老保险费	125	（25）董事会费的50%	226
（5）医疗保险费	126	（26）劳务费（只含支付个人的）	227
（6）补充养老、医疗保险	127	（27）独生子女及保健费	228
（7）失业保险费	128	（28）矿产资源补偿费	229
（8）生育保险	129	（29）提取的坏账准备	230
（9）工伤险	130	（30）提取的存货跌价准备	231
（10）企业为职工个人支付的其他人身保险	131	（31）养路费	232
（11）住房公积金	132	三、营业费用合计的中间投入（300＝301－302…－332）	300
（12）住房补贴	133	营业费用合计	301
（13）差旅费的6.4%	134	减：（1）工资	302
（14）职工降温、取暖补贴	135	（2）福利	303
（15）交通、通信补助（以现金形式支付给个人的部分）	136	（3）折旧	304
（16）工作餐费（见注）	137	（4）养老保险费	305
（17）房产税	138	（5）医疗保险费	306
（18）车船使用税	139	（6）补充养老、医疗保险	307
		（7）失业保险费	308

183

续表

倒算发	代码	倒算发	代码
（19）土地使用税	140	（8）生育保险	309
（20）印花税	141	（9）工伤险	310
（21）上缴政府部门的排污费	142	（10）企业为职工个人支付的其他人身保险	311
（22）上缴的管理费	143	（11）住房公积金	312
（23）土地损失补偿费	144	（12）住房补贴	313
（24）工会经费	145	（13）差旅费的6.4%	314
（25）董事会费的50%	146	（14）职工降温、取暖补贴	315
（26）劳务费（只含支付个人的）	147	（15）交通、通信补助（以现金形式支付给个人的部分）	316
（27）独生子女及保健费	148	（16）工作餐费（见注）	317
（28）矿产资源补偿费	149	（17）房产税	318
（29）提取的坏账准备	150	（18）车船使用税	319
（30）提取的存货跌价准备	151	（19）土地使用税	320
（31）养路费	152	（20）印花税	321
二、管理费用中的中间投入（200 = 201 - 202 - …… - 232）	200	（21）上缴政府部门的排污费	322
管理费用合计	201	（22）上缴的管理费	323
减：（1）工资	202	（23）土地损失补偿费	324
（2）福利	203	（24）工会经费	325
（3）折旧	204	（25）董事会费的50%	326
（4）养老保险费	205	（26）劳务费（只含支付个人的）	327
（5）医疗保险费	206	（27）独生子女及保健费	328
（6）补充养老、医疗保险	207	（28）矿产资源补偿费	329
（7）失业保险费	208	（29）提取的坏账准备	330
（8）生育保险	209	（30）提取的存货跌价准备	331
（9）工伤险	210	（31）养路费	332
（10）企业为职工个人支付的其他人身保险	211	四、财务费用	400
（11）住房公积金	212	工业中间投入合计（500 = 100 + 200 + 300 + 400）	500
（12）住房补贴	213		

注：工作餐费是指企业为解决职工日常工作就餐而支付的费用，包括以现金形式和充值卡的形式支付给职工的费用，但不包括职工在外就餐报销的部分。

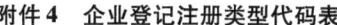

附件4　企业登记注册类型代码表

内资		港澳台商投资	
代码	类型	代码	类型
110	国有	210	与港澳台商合资经营
120	集体	220	与港澳台商合作经营
130	股份合作	230	港澳台商独资
141	国有联营	240	港澳台商投资股份有限公司
142	集体联营	外商投资企业	
143	国有与集体联营	代码	类型
149	其他联营	310	中外合资经营
151	国有独资公司	320	中外合作经营
159	其他有限责任公司	330	外资企业
160	股份有限公司	340	外商投资股份有限公司
171	私营独资		
172	私营合伙		
173	私营有限责任公司		
174	私营股份有限公司		
190	其他		

参考文献

［1］程子林．统计法基础知识［M］．北京：中国统计出版社，2007.

［2］李强，王吉利．统计基础知识与统计实务［M］．北京：中国统计出版社，2007.

［3］王左军．统计实务入门［M］．北京：中国言实出版社，2006.